— natürlich oekom! —

Mit diesem Buch halten Sie ein echtes Stück Nachhaltigkeit in den Händen. Durch Ihren Kauf unterstützen Sie eine Produktion mit hohen ökologischen Ansprüchen:

- o   100 % Recyclingpapier
- o   mineralölfreie Druckfarben
- o   Verzicht auf Plastikfolie
- o   Kompensation aller CO_2-Emissionen
- o   kurze Transportwege – in Deutschland gedruckt

Weitere Informationen unter www.natürlich-oekom.de und #natürlichoekom

Klimaneutral
Verlag
ClimatePartner.com/53585-1805-1001

Bibliografische Information der Deutschen Nationalbibliothek
Die Deutsche Nationalbibliothek verzeichnet diese Publikation
in der Deutschen Nationalbibliografie; detaillierte bibliografische
Daten sind im Internet über www.dnb.de abrufbar.

© 2021, oekom verlag München
Gesellschaft für ökologische Kommunikation mbH,
Waltherstraße 29, 80337 München

Umschlagabbildung & Innenlayout: Anita Ortega
Umschlaggestaltung & Satz: Ines Swoboda, oekom verlag
Lektorat: Lena Denu, oekom verlag
Korrektorat: Maike Specht
Druck: AZ Druck und Datentechnik
GmbH, Kempten

Alle Rechte vorbehalten
ISBN 978-3-96238-269-8

TATIANA MORLOCK, ANITA ORTEGA

77 TOLLE SACHEN MACHEN

Das große Ideenbuch für
drinnen & draußen

Basteln

Bauen

Materialliste

Über die Autorinnen

Nie wieder Langeweile!

Wie sieht es heute bei euch aus?

- ☐ Wetter schlecht und keine Spiel- oder Bastelidee für drinnen parat?
- ☐ Eltern im Homeoffice, und Kinder brauchen Ideen für eigenständige Beschäftigung?
- ☐ Couch-Potatoes suchen dringend Action und Abenteuer an der frischen Luft?
- ☐ Lust auf eine Familienaktivität, die allen Spaß macht, aber keine Idee?

Als selbstständig arbeitende Mutter von zwei Kindern weiß ich, dass es Gold wert ist, für jede Situation eine passende Beschäftigungsidee zu haben. Das Wichtigste dabei: Es muss einfach sein. Mit diesem Buch habt ihr 77 neue Lieblingsbeschäftigungen für Kinder von zwei bis zwölf Jahren auf Lager!

Egal, ob drinnen oder draußen: Eine Mischung aus Ideen zum Spielen, Malen, Basteln und Bauen sorgt garantiert für Abwechslung. Dank einfacher Anleitungen und geringem Materialaufwand könnt ihr direkt loslegen. Und das Beste: Die Aktivitäten machen allen Geschwistern trotz Altersunterschied gemeinsam Spaß!

Spiel & Sport

Lust auf Toben und Bewegen? Neue Spiele ausprobieren? Von Agententraining (S. 12) bis Zielfliegen (S. 74) gibt's jede Menge Spielspaß! Ab Seite 12 geht's los.

Malen & Naschen

Immer nur mit Buntstiften auf Papier malen findet ihr langweilig? Probiert 3-D-Bilder (S. 76), Stempelroller (S. 92) und viele andere Farbideen ohne Stift und Pinsel aus! Und wenn's beim Naschen mal was Besonderes sein soll, findet ihr hier leckere Ideen. Ab Seite 76 könnt ihr im Nasch- und Farbenparadies stöbern.

Basteln

Ihr wollt richtig cooles Spielzeug selber basteln? Foto-Bausteine (S. 104), Luftballon-Motorboote (S. 116) und

Tigertatzen (S. 124) bringen garantiert Spaß und Abenteuer in den Alltag! Legt gleich los ab Seite 98.

Bauen

Lust auf mehr als Schere und Papier? Schnappt euch Holz, Karton oder eine alte Poolnudel, und baut eure eigenen Spielgeräte! Für Flitzpuck (S. 140), eine Murmelrennbahn (S. 148) oder einen Solarofen (S. 156) braucht ihr bestimmt kein Profi-Werkzeug. Ab Seite 138 findet ihr alle Ideen zum Thema Bauen.

Worauf habt ihr heute Lust? Wie ist das Wetter? Wie viel Zeit habt ihr? Sucht euch die Idee aus, die am besten in euren Tag passt! Das geht ruckzuck mit den Symbolen in der Legende rechts, die ihr auch bei »Alle Spiele auf einen Blick« ab der folgenden Seite sowie auf jeder Aktivitätenseite findet.

Übrigens: Viele Ideen eignen sich auch sehr gut für unterwegs oder für euren nächsten Kindergeburtstag. Viel Spaß beim 77 tolle Sachen machen!

Eure Tatiana

LEGENDE

Spiel & Sport

Malen & Naschen

Basteln

Bauen

Draußen oder drinnen

Draußen

Drinnen

Alter

Spontan starten*

Mit Vorbereitungszeit*

* „Mit Vorbereitungszeit" bedeutet, dass ihr vorher etwas einkaufen oder vorbereiten müsst. Alle anderen Aktivitäten könnt ihr „spontan starten", wenn ihr die Materialien der Liste von Seite 166 zuhause habt.

Alle Ideen auf einen Blick

SPIEL & SPORT	Draußen & drinnen	Draußen	Drinnen	Alter	Spontan starten	Mit Vorbereitungszeit	Seite
Agententraining			x	2–12	x		12
Autorennen	x	x	x	2–7	x		14
Babyknete			x	2–4	x		16
Dauer-Wasserbomben		x		2–12		x	18
Domino Day			x	5–12		x	20
DOOWYLLOH		x		5–12	x		22
Ein Wort, ein Spiel	x	x	x	8–12	x		24
Eskimo-Schatzsuche		x		2–7		x	26
Exit Game			x	8–12		x	28
Fliegende Eiskugeln	x	x	x	2–7	x		30
Ganovenjagd	x	x	x	5–12	x		32
Geocaching		x		5–12		x	34
Herr der Ringe		x		5–12		x	36
Klammeräffchen	x	x	x	5–12	x		38
Leiterspiel	x	x	x	2–7	x		40
Marshmallow-Schleuder	x	x	x	2–12	x		42
Matschstation		x		2–4		x	44
Mäusejagd		x		5–12	x		46
Montagsbaumeister	x	x	x	8–12	x		48
Outdoor Tic Tac Toe		x		5–12	x		50
Pudding oder Kuhfladen	x	x	x	8–12	x		52
Pustekuchen			x	5–12	x		54
Ritterturnier		x		5–12		x	56

Alle Ideen auf einen Blick

BASTELN	Draußen & drinnen	Draußen	Drinnen	Alter	Spontan starten	Mit Vorberei- tungszeit	Seite
Eispuzzle	x	x	x	2–7		x	98
Feuer speiende Drachen	x	x	x	5–7		x	100
Filzkörbchen	x	x	x	5–12		x	102
Foto-Bausteine	x	x	x	2–7		x	104
Frosch fängt Fliege	x	x	x	5–7	x		106
Gesichterkino	x	x	x	5–12		x	108
Ketten & Girlanden	x	x	x	2–7	x		110
Konfettischalen	x	x	x	5–12		x	112
Korkenschiffchen	x	x	x	2–7	x		114
Luftballon-Motorboot	x	x	x	5–12		x	116
Luftballon-UFOs			x	5–12		x	118
Raketen-Rucksack	x	x	x	5–12		x	120
Regenbogenschlange		x		2–7	x		122
Tigertatzen			x	2–7		x	124
Trolle & grüne Punks	x	x	x	2–7		x	126
Ultraleicht-Rakete	x	x	x	5–12	x		128
Wasserschildkröten	x	x	x	2–7		x	130
Wir machen Musik!	x	x	x	2–7		x	132
X-Mas Upcycling			x	5–12		x	134
Zauber-Drehscheiben	x	x	x	2–7	x		136

BAUEN	Draußen & drinnen	Draußen	Drinnen	Alter	Spontan starten	Mit Vorbereitungszeit	Seite
Balance Board	x	x	x	8–12		x	138
Flitzpuck	x	x	x	8–12		x	140
Jahrmarkt-Schießbude	x	x	x	5–12		x	142
Kartonbauwerke			x	2–7		x	144
Mölki		x		8–12		x	146
Murmelrennbahn	x	x	x	2–7		x	148
Outdoor Lounge		x		2–7	x		150
Reifenspielplatz		x		2–7		x	152
Riesen-Wackelturm	x	x	x	5–12		x	154
Solarofen		x		5–12		x	156
Tischfußball	x	x	x	8–12		x	158
Vier gewinnt in 3-D	x	x	x	8–12		x	160
Wand-Murmelbahn			x	2–4	x		162
Wikingerschach		x		5–12		x	164

AGENTENTRAINING
Baut euer eigenes Laserlabyrinth

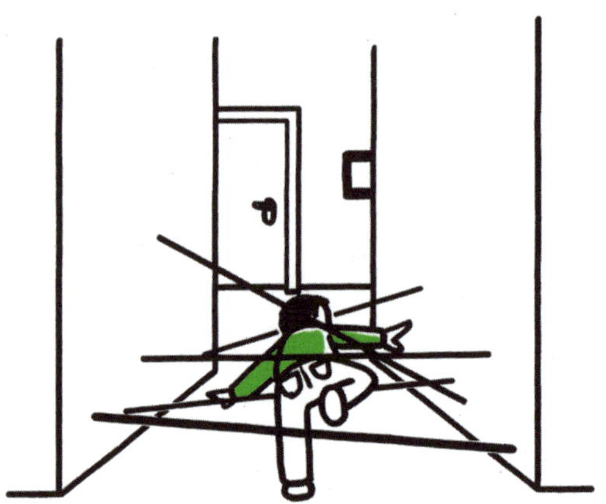

Ihr braucht
- (rote) Schnur oder Kreppband
- Reißzwecken
- Klebefilm

Und so funktioniert's

Im Film habt ihr das bestimmt schon einmal gesehen. Der Spezialagent oder der Meisterdieb taucht geschickt zwischen den Laserstrahlen hindurch, mit denen der Zugang zum Tresor gesichert ist. Da heißt es: Nerven bewahren und ja keine falsche Bewegung machen, sonst geht der Alarm los …

Schritt 1   Am besten funktioniert das Agententraining in einem schmalen Gang oder Flur. Es kann aber auch jeder andere Raum genutzt werden. Wollt ihr eure Laserstrahlen aus Schnur basteln, knüpft am Ende der Schnur einen kleinen Knoten. Stecht mit der Reißzwecke durch den Knoten und pinnt das Schnurende an die Wand. Bei Kreppband solltet ihr das Ende mit Klebeband oder Klebefilm verstärken, bevor ihr es an die Wand pinnt.

Schritt 2   Spannt eure Schnur oder euer Kreppband bis zur gegenüberliegenden Wand und befestigt es dort auf dieselbe Art und Weise. So spannt ihr mehrere Schnüre oder Kreppbänder in verschiedenen Höhen kreuz und quer durch den Raum.

Schritt 3   Ist euer Laserlabyrinth fertig, müssen die Agenten versuchen, den Raum zu durchqueren, ohne einen Laserstrahl zu berühren. Das ist gar nicht so einfach!

Tipp
Möglicherweise bekommt ein Agent auch die Augen verbunden und muss allein durch Zurufe seines Geheimdienstleiters das Laserstrahlenlabyrinth durchqueren?
Achtung: Bei Laserstrahlen aus Schnur besteht die Gefahr, dass bei zu heftiger Berührung der Schnur ein Reißnagel aus der Wand gezogen wird und zu Boden fällt.

AUTORENNEN

Wer kurbelt am schnellsten ins Ziel?

Ihr braucht
- Spielzeugautos
- Stifte oder Stöcke
- Schnur
- Klebefilm

Und so funktioniert's

Für dieses Autorennen braucht ihr keinen Führerschein. Als Rennstrecke eignet sich ein glatter Untergrund, zum Beispiel ein langer Tisch oder der Fußboden. Jeder Mitspieler darf mit seinem Lieblingsauto antreten.

Schritt 1 Schneidet für jeden Rennfahrer ein gleich langes Stück Schnur ab (mehrere Meter). Befestigt jeweils ein Ende der Schnur so an einem Spielzeugauto, dass man es mit der Schnur ziehen kann, ohne dass sich diese um die Räder wickelt oder das Auto umkippt.

Schritt 2 Das andere Ende der Schnur knotet ihr fest um einen Stift oder einen Stock. Damit sich der Knoten beim Aufwickeln nicht um den Stift dreht, könnt ihr ihn mit Klebefilm fixieren.

Schritt 3   An einem Ende der Rennstrecke ist die Startlinie, am anderen Ende die Ziellinie. Stellt eure Rennautos nebeneinander auf der Startlinie auf. Ihr selbst stellt euch so weit hinter die Ziellinie, dass die Schnüre zwischen den Autos und euren Stiften fast straff gespannt sind .

Schritt 4   Auf „Los!" dürft ihr anfangen eure Stifte so zu drehen, dass die Schnur aufgewickelt wird und eure Rennautos langsam in Richtung Ziellinie losrollen. Wessen Auto als Erstes die Ziellinie erreicht, gewinnt!

Tipp

Für ganz kleine Rennfahrer empfiehlt es sich, anstelle eines Stifts etwas Breiteres zum Aufwickeln zu benutzen, beispielsweise ein Lineal oder ein Stück Holz. Dann fahren die Autos etwas schneller. So kann auch ein Ausgleich zwischen Kindern unterschiedlichen Alters geschaffen werden.
Je unebener der Boden, desto größer sollten die Räder eurer Autos sein, um geländegängig zu bleiben.

BABYKNETE

Einfaches Rezept für essbare Knetmasse

Ihr braucht

- 150 g Mehl
- 50 g Salz
- 1 EL Pflanzenöl
- 1 Tube Lebensmittelfarbe (10 g)
- Schüssel

Und so funktioniert's

Kunterbunt und allseits beliebt: Knetmasse ist ein zeitloser Klassiker. Damit bei den kleinsten Knetkünstlern (notfalls) auch einmal etwas von der Knetmasse im Mund landen darf, gibt es hier ein ganz einfaches Rezept, wie ihr Knetmasse aus Lebensmittelzutaten selbst herstellen könnt.

Schritt 1 Gebt Lebensmittelfarbe in eine Schüssel, fügt einen Esslöffel Pflanzenöl und 100 ml warmes Wasser hinzu.

Schritt 2 Vermischt 150 g Weizenmehl mit 50 g Salz und gebt sie zur Farbe in die Schüssel. Jetzt noch gut durchkneten, und schon ist eure Knetmasse fertig.

Schritt 3   Ist die Knete zu klebrig, fügt einfach etwas Mehl hinzu, ist sie zu krümelig, etwas Wasser oder Öl (Öl macht die Knete geschmeidig). So könnt ihr Knetmasse in mehreren verschiedenen Farben herstellen.

Schritt 4   Jetzt kann das Knetvergnügen losgehen! Ihr könnt die Knetmasse mit dem Wellholz ausrollen und Formen ausstechen. Oder möchtet ihr kleine Brötchen, Äpfel und Bananen für den Kaufladen modellieren? Auch Knete-Pizza belegen macht großen Spaß!

Schritt 5   Fertige Knetkunstwerke könnt ihr im Backofen bei einer Temperatur von 80 Grad trocknen und so länger haltbar machen. Wie lange die Knetmasse im Ofen bleiben muss, hängt sehr von der Größe der Kunstwerke ab. Auf jeden Fall solltet ihr immer wieder einen Blick in den Ofen werfen, damit die Knete nicht verbrennt.

Schritt 6   Wenn ihr die Knetmasse länger aufbewahren und wiederverwenden möchtet, solltet ihr sie so luftdicht verpackt wie möglich im Kühlschrank lagern. Dafür füllt ihr die Knete in eine Plastiktüte, saugt mit dem Mund die Luft heraus und verschließt sie danach. Ihr könnt die Knetmasse ungefähr drei Monate lang aufbewahren. Riecht sie ranzig, solltet ihr sie austauschen.

Tipp

Das Rezept ist bewusst kleinkinderfreundlich gehalten. Damit die Knetmasse länger haltbar wird, könnt ihr zum einen das Wasser vorher abkochen, um es keimfrei zu machen. Achtet darauf, es anschließend ausreichend abkühlen zu lassen, damit ihr euch beim Herstellen der Knetmasse nicht die Finger verbrennt. Zum anderen könnt ihr einen Teelöffel Zitronensäure mit ins Wasser geben. Ihr bekommt Zitronensäure bei den Backzutaten im Supermarkt. Sie ist als Lebensmittelzusatzstoff E 330 zugelassen, ist also eigentlich unbedenklich. In größeren Mengen sollte sie natürlich trotzdem nicht gegessen werden.

DAUER-WASSERBOMBEN
Munition für endlose Wasserschlachten

Ihr braucht
- verschiedene Schwämme (Schwammtücher, Tafelschwämme Topfreiniger)
- stabile Haushaltsgummis
- Schere

Und so funktioniert's

Wasserbomben werfen macht (nicht nur) Kindern Spaß! Aber vorher müssen die kleinen Ballons erst einmal alle gefüllt und zugeknotet werden. Und nach der Wasserschlacht müssen mühsam die Ballonfetzen von der Wiese aufgesammelt werden. Einfacher, schneller und vor allem umweltfreundlicher geht es mit wiederverwendbaren Dauer-Wasserbomben aus Schwämmen!

Schritt 1 Schneidet die Schwämme in 2 cm breite Streifen. Mit verschiedenfarbigen Schwämmen sehen die Wasserbomben auch noch super aus. Wollt ihr Topfreiniger benutzen, solltet ihr zunächst die kratzige „Glitzi"-Seite abschneiden.

Schritt 2   Nehmt 10 bis 15 Streifen in die Hand und umwickelt sie in der Mitte mehrfach mit einem stabilen Haushaltsgummi. Das Gummi muss so eng sitzen, dass sich die Schwammstreifen wie ein Stern auffächern. Schon ist die erste Dauer-Wasserbombe fertig!

Schritt 3   Jetzt noch schnell eine Schüssel mit Wasser füllen und ab in den Garten. Die Wasserbombe wird eingetaucht und geworfen, wieder und wieder und wieder …

Tipp
Wie bei jeder Wasserschlacht gilt hier natürlich auch: Obwohl die Schwämme sehr weich sind, solltet ihr damit nicht ins Gesicht zielen.

DOMINO DAY

Wer baut die wildeste Dominoschlange?

Ihr braucht

- Dominosteine
  (je mehr, desto besser)
- Holzkugel mit Loch
- Schnur
- etwas Karton
- Bauklötze, Lego oder Duplo
  (es geht aber auch ohne)

Und so funktioniert's

Ihr habt bestimmt alle schon einmal eine Dominoschlange gebaut, oder? Dazu werden Dominosteine hochkant in kurzem Abstand hintereinander aufgestellt, sodass die ganze Schlange umkippt, wenn der erste Stein angestoßen wird. Aber es geht noch besser!

Schritt 1   Ihr könnt gemeinsam als Team oder um die Wette bauen. Vielleicht sogar Kinder gegen Erwachsene? Beim Domino Day gibt es nur eine Spielregel: Alle Steine eurer Dominoschlange müssen mit einem einzigen Anstoß umfallen. Die längste und wildeste Schlange gewinnt!

Schritt 2   So eine Dominoschlange könnt ihr natürlich auf einem leeren Tisch aufbauen. Spannender wird es aber, wenn die Schlange bergauf und bergab geht. Dazu könnt ihr „Treppen" aus Büchern oder Spielekartons bauen, über die eure Dominoschlange laufen soll. Vielleicht baut ihr aus einem Lineal auch eine Brücke?

Schritt 3   Stellt an einer Stelle zwei Dominosteine dicht nebeneinander, und teilt eure Schlange so in zwei Teile. Hinter beiden Steinen könnt ihr nun jeweils eine neue Dominoschlange entstehen lassen.

Schritt 4   Natürlich müsst ihr die Schlange auch nicht auf dem Tisch bauen. Quer durch den Raum (vielleicht über Bett und Stuhl?) ist viel aufregender!

Schritt 5   Wenn ihr schon ein bisschen Übung habt, könnt ihr versuchen, ein Pendel einzubauen. Dazu bastelt ihr aus Duplo, Lego oder stabilem Karton einen kleinen Bogen und hängt mit einer Schnur eine Holzkugel oder etwas Ähnliches in die Mitte. Lasst eine kleine Lücke in eurer Dominoschlange, und stellt den Bogen so hinein, dass der letzte Stein beim Umfallen die Kugel kräftig anstößt. Die Kugel schwingt und stößt wiederum den ersten Stein nach der Lücke um. Und schon geht die Kettenreaktion weiter.

Schritt 6   Mit Kugeln könnt ihr noch mehr tolle Sachen in eure Schlange einbauen. Klebt aus Karton einen 2 cm hohen Ring zusammen, auf den ihr eine Kugel legen könnt, wie auf einen Eierbecher. Lasst eine etwas größere Lücke in der Dominoschlange. Stellt Ring und Kugel an den Anfang der Lücke, sodass der letzte Stein die Kugel vom Ring stößt. Nun müsst ihr an beiden Seiten eurer Lücke eine Begrenzung bauen, sodass die Kugel zum anderen Ende der Lücke rollt und dort wiederum den ersten Dominostein anstößt.

Tipp

Es gibt unendlich viele Möglichkeiten, weitere Kettenreaktionen einzubauen. Pyramiden, Wippen, Türme, Schnüre … Wenn ihr Inspiration braucht, gebt einfach mal bei Youtube „Verrückte Dominotricks" ein.

DOOWYLLOH

Werdet Stars in eurem Rückwärtsfilm

Ihr braucht

- Smartphone

Und so funktioniert's

Eure Familie ist ein bisschen verrückt? Ach Quatsch, ihr seid ganz normal – alle anderen sind total verrückt! Mit diesem selbst gedrehten Film könnt ihr es beweisen.

Schritt 1 Dreht euren Film an einem Ort, wo außer euch noch andere Menschen sind, und zwar möglichst viele! Eine gute Gelegenheit dazu bietet sich im Urlaub. Geeignete Drehorte sind zum Beispiel Strand, Marktplatz, Spielplatz, Zoo oder eine Touristenattraktion.

Schritt 2 Einer von euch bedient die Smartphonekamera, ein anderer ist der Schauspieler und beginnt mit einer kleinen Szene. Ganz wichtig beim Schauspielern: Ihr müsst alles RÜCKWÄRTS machen. Geht rückwärts eine Treppe hinunter. Geht rückwärts zur Türe, öffnet sie hinter eurem Rücken, geht rückwärts hindurch, und schließt sie vor euch wieder. Achtet darauf, alle Bewegungen zwar rückwärts, aber dennoch in normaler Geschwindigkeit auszuführen. Dabei ist es wichtig, dass außer euch noch andere Menschen (zufällig) mitgefilmt werden. Die machen natürlich alles vorwärts, also ganz normal.

Schritt 3   Nach den ersten Übungen könnt ihr gemeinsam ganze Szenen rückwärts spielen. Überlegt euch eine kurze Handlung oder probiert einfach verschiedene Bewegungsabläufe aus: im Supermarkt die Waren wieder ins Regal räumen, Kastanien wieder unter den Baum legen oder rückwärts aus dem Meer rennen. Eurer Fantasie sind keine Grenzen gesetzt!

Schritt 4   Natürlich könnt ihr auch ein richtiges Drehbuch schreiben, am besten verzichtet ihr dabei aber auf längere Textpassagen. Denn alle Texte müssen natürlich auch rückwärts gesprochen werden. Das ist gar nicht so einfach. Ihr solltet den Text also auf wenige Wörter beschränken, diese vorher aufschreiben und einüben.

Schritt 5   Nun braucht ihr eine App, die Videos rückwärts abspielen und speichern kann. Davon gibt es mehrere, auch kostenlose. Gebt einfach „Video rückwärts abspielen" im App Store ein. Wenn ihr eure Filmsequenz jetzt rückwärts abspielt, sieht es so aus, als würdet ihr euch normal bewegen und alle anderen gingen rückwärts. Ein unglaublich witziges Urlaubssouvenir!

Tipp

Ihr solltet die so entstandenen Videos nicht im Internet veröffentlichen oder in sozialen Netzwerken posten, da ihr dazu unter Umständen die Erlaubnis der anderen Personen bräuchtet, die auf euren Filmen zu sehen sind (Recht am eigenen Bild).

EIN WORT, EIN SPIEL

Erklären. Macht. Zu. Zweit. Mehr. Spaß.

Ihr braucht

- mindestens drei Spieler
- Wortkarten oder eine App, die Zufallswörter generiert (Vorlage zum Ausdrucken unter www.77sachen.de/wortkarten)

Und so funktioniert's

Falls ihr ein Spiel mit Wortkarten besitzt (Tabu, Activity, Codenames …), könnt ihr diese einfach benutzen. Andernfalls könnt ihr euch eine Vorlage mit 200 Wörtern von der Website www.77sachen.de/wortkarten herunterladen, ausdrucken und ausschneiden. Wer es lieber digital mag, lädt sich eine kostenlose App herunter, die nach dem Zufallsprinzip Wörter generiert. Ihr findet sie im App Store am besten mit den englischen Suchbegriffen „random word generator". Besonders praktisch für unterwegs!

Schritt 1 Mischt alle Wortkarten und bildet einen verdeckten Stapel. Der Startspieler zieht die oberste

Wortkarte und schaut sie gemeinsam mit seinem rechten Nachbarn an.

Schritt 2   Nun müssen beide gemeinsam den Begriff auf der Karte erklären. Dabei dürfen sie abwechselnd jeweils nur ein Wort sagen. Wörter oder Wortteile, die auf der Karte stehen, dürfen dabei nicht verwendet werden. (Beispiel: Bei der Erklärung des Begriffs „Duschvorhang" dürft ihr nicht „Dusche", „duschen" oder „Vorhang" sagen.)

Schritt 3   Wer den Begriff errät, erhält die Wortkarte. Bei der digitalen Version müsst ihr für jedes erratene Wort einen Punkt aufschreiben. Anschließend kommen die nächsten

beiden Spieler an die Reihe. Gewinner ist, wer zum Schluss die meisten Wortkarten erbeuten konnte.

Tipp

Für ältere Kinder ist „Ein Wort, ein Spiel" gut als Lernspiel für fremdsprachige Vokabeln geeignet. Vokabelkärtchen hat man oft sowieso schon für die Schule angelegt oder gekauft. Sie eignen sich ideal als Wortkarten. Auch die oben beschriebenen Wortgenerator-Apps gibt es in verschiedenen Sprachen. Dann muss der Begriff natürlich in der Fremdsprache (erklärt und) erraten werden. So macht Lernen wirklich Spaß!

ESKIMO-SCHATZSUCHE

Klopft Schätze aus einem Eisblock

Ihr braucht

- Temperaturen unter 0 °C
- Garten oder Balkon
- große Tupperdose oder Schüssel
- einzeln verpackte Süßigkeiten (Bonbons, kleine Gummibärchentüten, kleine Schokoladentafeln …)
- andere Schätze (Flummibälle, Sandförmchen …)
- Würfel
- Schraubenzieher oder Holzkeil
- (Holz- oder Gummi-)Hammer

Und so funktioniert's

Die Eisblock-Schatzsuche ist der Hit auf jedem Kindergeburtstag im Winter. Sie erfordert keinen großen Aufwand, will allerdings rechtzeitig vorbereitet sein.

Schritt 1 Füllt euer Gefäß zunächst zu einem Drittel mit Wasser und stellt es so lange nach draußen, bis die Oberfläche gefroren ist. Das geht am schnellsten an einer ungeschützten Stelle, z. B. auf dem Balkon.

Schritt 2   Sobald das Eis hart genug gefroren ist, legt ihr die Hälfte der Süßigkeiten und anderen Schätze darauf, füllt ein weiteres Drittel Wasser ins Gefäß und lasst es erneut durchgefrieren.

Schritt 3   Danach kommt die zweite Hälfte der Süßigkeiten und Schätze darauf, und das Gefäß wird bis oben hin mit Wasser aufgefüllt. Stellt es noch einmal nach draußen und wartet ab, bis auch die letzte Schicht Wasser hart gefroren ist.

Schritt 4   Jetzt können die Schatzsucher loslegen. Gehämmert wird am besten draußen. Als Werkzeug eignen sich ein Schraubenzieher oder Holzkeil als Meißel und ein (Holz- oder Gummi-)Hammer.

Schritt 5   Würfelt reihum. Wer eine Sechs würfelt, darf dem Eisblock zu Leibe rücken und so lange „graben", bis der nächste Spieler eine Sechs würfelt. Ausgegrabene Schätze und Süßigkeiten dürft ihr behalten.

Tipp

Bei kleineren Kindern empfiehlt es sich, die Schätze näher am Rand des Eisblocks einzufrieren, damit sich schneller erste Erfolgserlebnisse einstellen. Und wer möchte, kann das Wasser zusätzlich mit Lebensmittelfarbe bunt einfärben.
In jedem Fall solltet ihr darauf achten, dass immer nur ein Kind zur selben Zeit den Eisblock bearbeitet und dass Kinder nie unbeaufsichtigt mit den Werkzeugen hantieren.

EXIT GAME

Ein spannendes Befreiungsabenteuer

Ihr braucht
• Spaß am Rätsellösen

Und so funktioniert's

Wenn ihr gemeinsam etwas Besonderes unternehmen möchtet, ist das Exit Game eine tolle Idee für einen Familienausflug.

Schritt 1   Bei einem Exit Game (auch Escape Room oder Live Escape genannt) geht es darum, sich als Gruppe von zwei bis sechs Personen in einem Raum einschließen zu lassen und sich innerhalb von 60 Minuten gemeinsam wieder daraus zu „befreien".

Schritt 2   Das klingt zunächst recht gruselig, ist aber natürlich harmlos. Zur Befreiung müssen Rätsel gelöst, Codes geknackt und verborgene Türen oder Schlüssel gefunden werden. Gefragt ist also Köpfchen, nicht Kettensprengen. Dabei müsst ihr als Gruppe sehr gut zusammenarbeiten. Es sind verschiedene Fähigkeiten gefragt, und jeder kann etwas dazu beitragen. Ein tolles Team- beziehungsweise Familienerlebnis!

Schritt 3   Die Räume werden von außen per Video überwacht, sodass man das Spiel jederzeit abbrechen oder den Moderator um Hilfe bitten kann, wenn man beim Lösen eines Rätsels nicht weiterkommt.

Schritt 4   Angebote für Exit Games gibt es in allen größeren Städten. Meist könnt ihr zwischen verschiedenen Räumen und Szenarien wählen. Die Kosten sind je nach Anbieter sehr unterschiedlich. Mitunter gilt der Preis pro Person, manchmal ein pauschaler Gruppenpreis. Ihr müsst für vier Personen mit 60 bis 120 Euro rechnen. Einige Angebote haben eine Altersbeschränkung. Schaut mal, was es in eurer Nähe gibt.

Tipp

Ein gemeinsames Exit Game ist ein richtig cooles Erlebnis und eignet sich super als Geburtstagsgeschenk für Teenager, die gerade (eigentlich) gar nicht so viel Lust auf Familienausflüge haben.

Wenn euch der Besuch eines Escape Rooms zu teuer ist oder ihr das Abenteuer in euren eigenen vier Wänden sucht, könnt ihr euch auch ein Exit Game für zu Hause kaufen. Sie sind in vielen verschiedenen Schwierigkeitsstufen im Spielwaren- und Buchhandel erhältlich. Die Kosten für ein Spiel liegen in etwa bei 10 Euro, und die Auswahl ist groß!

FLIEGENDE EISKUGELN
Einfaches Wurfspiel für zwischendurch

Ihr braucht
- Papier (am besten DIN A3)
- Schere und Klebstoff
- altes Zeitungspapier

Und so funktioniert's
Fliegende Eiskugeln, die man mit einer Riesenwaffel auffangen muss – das klingt nach Schlaraffenland!

Schritt 1 Schneidet aus Papier einen großen Kreis aus. Je größer der Kreis, desto einfacher ist später das Fan-gen. Wenn ihr möchtet, könnt ihr den Kreis bunt bemalen oder mit braunen Rauten wie eine Eiswaffel gestalten.

Schritt 2 Anschließend schneidet ihr den Kreis bis zur Mitte ein und formt daraus eine „Eistüte". Klebt die Tüte zu und lasst den Klebstoff trocknen.

Schritt 3 Nun wird das Zeitungs-papier zu einem festen Ball zusam-mengeknüllt. Das ist eure Eiskugel. Versucht mal, euch mit den Waffeln die Eiskugel hin und her zu spielen. Einer wirft, der andere fängt – natürlich ohne die Kugel mit den Händen zu berühren! Zu einfach? Dann spannt eine Schnur, über die ihr die Eiskugel hinüberwerfen müsst.

Schritt 4   Oder ihr spielt Waffel-Kegeln. Dazu stellt ihr die Eiswaffeln mit der Öffnung nach unten auf den Boden und versucht, sie mit euren Eiskugeln umzukegeln.

Tipp
Noch besser fliegen und rollen eure Eiskugeln, wenn ihr das Zeitungspapier in eine alte Socke steckt und diese zuknotet. Vielleicht habt ihr zufällig eine rote und eine braune Socke? Dann können Erdbeer- und Schokoladeneis gegeneinander antreten.

GANOVENJAGD
Kleines Bluff-Spiel für zwischendurch

Ihr braucht
- pro Spieler drei kleine Gegenstände (Münzen, Knöpfe, Steine …)

Und so funktioniert's
Ganoven jagen könnt ihr immer und überall! Jeder Spieler braucht dafür lediglich drei Gegenstände, die klein genug sind, dass er sie in einer geschlossenen Faust verstecken kann.

Schritt 1 Eure drei Gegenstände sind eure Ganoven. Es spielt keine Rolle, ob ihr alle mit gleichen oder verschiedenen Gegenständen spielt.

Schritt 2 Jeder Spieler nimmt beliebig viele seiner Ganoven (null, eins, zwei oder drei) in die geschlossene Faust. Diese Ganovengruppe geht auf Raubzug, die restlichen bleiben in der Hosentasche versteckt.

Schritt 3   Alle Spieler strecken ihre Fäuste in die Mitte. Nun darf jeder reihum raten, wie viele Ganoven insgesamt auf Raubzug sind. Bei vier Spielern wären das mindestens null und höchstens zwölf Ganoven.

Schritt 4   Die Fäuste werden geöffnet, und es wird nachgezählt. Wer am schlechtesten geraten hat, muss einen seiner Ganoven abgeben und zur Seite legen. Dieser Ganove spielt in der nächsten Runde nicht mehr mit. Betrifft das mehrere Spieler, geben sie alle einen Ganoven ab.

Schritt 5   Danach beginnt eine neue Runde. Achtung, jetzt sind weniger Ganoven im Spiel! Die Spieler, die die meisten Ganoven haben, sind jetzt beim Raten im Vorteil und müssen deshalb als Erste ihren Tipp abgeben.

Schritt 6   Am Ende gewinnt derjenige Spieler, der als Letzter noch mindestens einen seiner Ganoven besitzt.

Tipp

Ganovenjagd könnt ihr auch zu zweit spielen. Dann probiert es anstelle von drei mit fünf Ganoven aus.
Ähnlich wie „Schere, Stein, Papier" eignet sich Ganovenjagd übrigens auch hervorragend, um auszulosen, wer den Tisch decken, die Spülmaschine ausräumen oder den Müll runterbringen muss.

GEOCACHING
Nie wieder Langeweile beim Wandern

Ihr braucht

- GPS-fähiges Smartphone oder GPS-Gerät
- kleiner Tauschgegenstand (Überraschungseifigur, Flummiball, Jojo …)
- kleiner Block und Stift

Und so funktioniert's

Ein Geocache ist eine moderne Schatzsuche. Falls ihr es noch nicht selbst ausprobiert habt, wird es höchste Zeit. Geocaching ist eine tolle Möglichkeit, gemeinsam etwas draußen in der Natur zu erleben – sogar für Wandermuffel!

Schritt 1 Es gibt Geocaches, bei denen viel gewandert wird, und andere, bei denen Rätsel und Abenteuer im Vordergrund stehen. Um einen passenden Geocache auszuwählen, müsst ihr euch zuerst im Internet ein (kostenloses) Nutzerkonto auf einem Geocaching-Portal anlegen (beispielsweise www.geocaching.com).

Schritt 2   Bei den meisten Geocaches ist eine Dose (= Cache) im Wald versteckt. Diesen Cache müsst ihr (= die Cacher) anhand seiner GPS-Koordinaten finden. Bei den traditionellen Geocaches sind nur die Koordinaten angegeben. Zu Fuß oder mit dem Fahrrad müsst ihr den angegebenen Ort finden und dort den versteckten Schatz suchen.

Schritt 3   Wenn ihr ihn gefunden habt, tragt euch in das kleine Logbuch ein, das in der Dose liegt. Dann dürft ihr euch einen der darin liegenden „Schätze" aussuchen. Im Austausch legt ihr einen neuen Schatz hinein.

Schritt 4   Es gibt aber auch andere Arten von Geocaches. Ein Multi-Geocache hat mehrere Stationen. Ihr beginnt eure Suche bei den angegebenen Start-Koordinaten. Dort sucht ihr einen Hinweis auf die Koordinaten der nächsten Station. Diese können auf einem Zettel in einer Höhle liegen, ins Holz eines Baumes eingeritzt sein oder sich irgendwie anders unauffällig in der Umgebung versteckt halten.
Bei der letzten Station findet ihr die Zielkoordinaten des Caches.

Schritt 5   Interessant sind auch sogenannte Mystery Caches. Dabei müsst ihr eines oder mehrere Rätsel lösen, um den Cache zu finden.

Zu Beginn solltet ihr einen kurzen, einfachen Cache auswählen. Alle Informationen zum jeweiligen Geocache findet ihr in der Beschreibung auf der Webseite (Schwierigkeit, Dauer, Gelände). Viel Spaß beim Schatzsuchen!

Tipp

Nicht immer gibt es in der Geocaching-Dose Platz für Tauschgegenstände. Sogenannte Micros haben oft nicht einmal ein Logbuch. Für kleinere Kinder, die sich auf den „Schatz" freuen, sind solche Caches nicht besonders geeignet. Wenn euch die Auswahl eines passenden Geocaches schwerfällt, googelt einfach „Geocaching mit Kindern". Es gibt viele Webseiten, die passende Caches in eurer Umgebung empfehlen. Natürlich könnt ihr auch selbst einen Geocache verstecken. Dann könnt ihr die Suche so gestalten, wie es euch am besten gefällt.

HERR DER RINGE
Reifenspaß mit Hula Hoop

Ihr braucht
- einen oder zwei Hula-Hoop-Reifen
- Am meisten Spaß macht es, wenn ihr mindestens zu viert seid.

Und so funktioniert's
Bei diesen Herr-der-Ringe-Spielen geht es nicht um Orks und Hobbits. Hier dreht sich alles um Hula-Hoop-Reifen. Wenn ihr bisher dachtet, das wäre nur etwas für Mädchen, werden euch die Spiele ganz sicher vom Gegenteil überzeugen!

Meister-Ring
Fasst euch an den Händen und bildet einen Kreis. An einer Stelle dürft ihr den Kreis noch einmal kurz öffnen, um den Hula-Hoop-Reifen aufzunehmen. Dazu steckt einfach ein Spieler den freien Arm durch den Reifen und greift dann wieder die Hand des Nachbarn. Anschließend dürft ihr die Hände nicht mehr loslassen.

In diesem geschlossenen Kreis versucht ihr nun, den Hula-Hoop-Reifen einmal ringsherum wandern zu lassen, indem ihr nacheinander durch den Reifen steigt. Natürlich ohne dabei die Hände voneinander zu lösen!

Heißer Reifen

Zuerst baut ihr einen einfachen Hindernisparcours auf. Dieser kann Hindernisse enthalten, um die man herumlaufen oder über die man hinübersteigen muss. Vielleicht spannt ihr auch ein Band ungefähr auf Bauchhöhe, unter dem man durchtauchen muss?

Anschließend steigt ihr zu zweit in einen Hula-Hoop-Reifen. Wenn ihr zwei Reifen und ausreichend Platz habt, könnt ihr auch in zwei Teams gegeneinander antreten. So verbunden, muss nun jedes Team den Parcours überwinden. Welches Team bewegt sich schneller und geschickter gemeinsam fort?

Teamwork

Stellt euch in einem kleinen Kreis auf. Alle strecken ihre beiden Zeigefinger zur Kreismitte. Nun legt ihr den Hula-Hoop-Reifen auf eure ausgestreckten Finger. Ist der Reifen platziert, dürft ihr nicht mehr festhalten, er liegt lediglich locker auf euren Fingern auf.

Eure Aufgabe ist es, den Reifen vorsichtig gemeinsam auf dem Boden abzulegen, indem ihr euch mit euren Fingern alle gleichzeitig langsam dem Boden nähert. Fallenlassen ist nicht erlaubt. Das ist schwieriger, als es sich zunächst anhört …

Tipp

Die Herr-der-Ringe-Spiele eignen sich super für größere Gruppen, zum Beispiel beim Kindergeburtstag.

KLAMMERÄFFCHEN

Schnell weg mit dem anhänglichen Äffchen!

Ihr braucht

- Wäscheklammer
- ausgeschnittenes Affenbild oder Luftballon
  (es geht aber auch ohne)

Und so funktioniert's

Klammeräffchen kann man überall und mit allen Leuten spielen. Es eignet sich besonders als kleine Ablenkung auf einer langen Wanderung, während der Wartezeit am Bahnhof oder auf einem „langweiligen" Familienfest.

Schritt 1 Zur Vorbereitung schneidet ihr einen kleinen Affen oder ein Affengesicht aus Papier aus und klebt ihn auf die Wäscheklammer. Natürlich kann das Spiel aber auch ohne den Affen gespielt werden.

Schritt 2 Die Regeln sind denkbar einfach. Der Startspieler bekommt die Wäscheklammer und muss versuchen, das Klammeräffchen heimlich einem Mitspieler anzuhängen. Dazu klammert er die Wäscheklammer in einem unbeobachteten Moment an der Kleidung eines anderen Spielers fest.

Schritt 3   Gelingt ihm das unbemerkt, ist der Startspieler das Klammeräffchen los. Das „Opfer" wird nun seinerseits zum Startspieler und muss versuchen, das Klammeräffchen wieder loszuwerden.

Schritt 4   Wenn ihr dem Spiel etwas mehr Wettspielcharakter geben möchtet, erhält jeder Teilnehmer zu Beginn drei Kokosnüsse/Leben. Wer nach zehn Sekunden nicht bemerkt hat, dass ihm das Klammeräffchen angehängt wurde, verliert ein Leben. Anschließend wird er zum neuen Startspieler. Bemerkt er den Angriff früher, muss der letzte Startspieler sein Glück erneut versuchen.

Schritt 5   Einen größeren Unterhaltungsfaktor bekommt das Spiel, wenn das „Opfer" nicht nur zum neuen Startspieler wird, sondern zusätzlich einen kurzen Affentanz aufführen oder etwas vorsingen muss ...

Tipp
Spielt ihr Klammeräffchen bei einem Kindergeburtstag, könnt ihr das Bild und den Spieltitel natürlich thematisch anpassen: eine Piratenflagge für einen Seeräubergeburtstag oder eine Feder beim Indianergeburtstag. Für kleinere Kinder empfiehlt es sich, an der Wäscheklammer einen (kleinen) aufgeblasenen Luftballon zu befestigen, um das Spiel etwas zu vereinfachen.

LEITERSPIEL

Ein Spielfeld aus Klebeband oder Kreide

Ihr braucht

- für drinnen: ablösbares Klebeband (Maler-Krepp)
- für draußen: Straßenkreide

Und so funktioniert's

Das Leiterspiel eignet sich super als kleine Turneinlage zwischendurch für die ganze Familie!

Schritt 1 Zur Vorbereitung müsst ihr mit wieder ablösbarem Klebeband oder Straßenkreide eine „Leiter" auf den Boden kleben bzw. zeichnen. Eure Leiter sollte ungefähr einen halben Meter breit sein. Die einzelnen Sprossen haben einen Abstand von je 20 cm zueinander. Insgesamt braucht ihr zehn Sprossen. Auf der fertigen Leiter könnt ihr verschiedene kleine Wettspiele austragen.

Schritt 2 Stellt euch hinter die erste Sprosse und probiert aus, wie viele Sprossen ihr überspringen könnt.

Dann versucht dasselbe einmal rückwärts! Natürlich könnt ihr auch auf einem Bein springen.

Schritt 3   Oder ihr stellt euch hinter die erste Sprosse und stellt die Hände auf der zweiten Sprosse auf den Boden. Nun lauft ihr mit den Händen vorwärts. Wie viele Sprossen könnt ihr überwinden, bevor die „Brücke" zusammenbricht? Klappt das Ganze auch, wenn ihr euch rückwärts hinter die erste Sprosse stellt und mit den Händen hinter eurem Körper (wie ein Krebs) versucht, den Abstand zu vergrößern?

Schritt 4   Beim nächsten Spiel geht es um Zeit. Stellt euch wieder hinter die erste Sprosse. Nun müsst ihr immer zwei Sprossen vorwärts- und anschließend wieder eine Sprosse rückwärtsspringen. Wer kommt als Erster am Ende der Leiter an?

Schritt 5   Für das letzte Spiel stellt ihr euch mit einem Fuß links und einem Fuß rechts der ersten Sprosse auf. Nun versucht ihr, breitbeinig im Elefantengang bis ans Ende der Leiter zu laufen, ohne diese zu betreten. Wer schafft es, ohne umzufallen?

Tipp

Mit Klebeband oder Straßenkreide könnt ihr natürlich auch andere „Spielgeräte" erschaffen. Klebt beziehungsweise zeichnet ein kleines Labyrinth auf und versucht, einen Wattebausch hindurchzupusten. Oder ihr klebt bzw. malt einige verschiedene Formen auf (Kreis, Dreieck, Viereck) und denkt euch dazu Bewegungsaufgaben aus: „Hüpft wie ein Känguruh zum nächsten Kreis." Oder „Geht mit geschlossenen Augen zum nächsten Dreieck."

MARSHMALLOW-SCHLEUDER

Minikatapult aus Luftballon und Klorolle

Ihr braucht

- leere Klopapierrollen
- Luftballons
- leichte „Munition" (Marshmallows, Tischtennisbälle, Wattebäusche, zerknüllte Zeitung)
- Schere und Cutter
- Haushaltsgummis

Und so funktioniert's

Mit der Marshmallow-Schleuder dürft ihr endlich mal nach Lust und Laune durch die Gegend „ballern". Das ist ungefährlich und macht so viel Spaß, dass nicht einmal eure Eltern etwas dagegen haben könnten.

Schritt 1 Schneidet von einem Luftballon oben (also gegenüber der Öffnung zum Aufblasen) 1 cm ab.

Schritt 2 Zieht den Luftballon mit der aufgeschnittenen Seite über eine Öffnung der Klopapierrolle. Ist das Gummi des Ballons so stark, dass es die Klorolle zusammendrückt, könnt ihr sie mit einem Stück Pappe oder einer (auseinandergeschnittenen) zweiten Klorolle verstärken. Fixiert den Luftballon mit einem Haushaltsgummi, damit er nicht wieder herunterrutscht.

Schritt 3   Knotet nun das Mundstück des Ballons fest zu. Jetzt ist eure Schleuder fertig und kann „geladen" werden. Dazu müsst ihr die Klorolle ein wenig schräg halten. Dann legt ihr einen Marshmallow hinein und zieht kräftig an eurem Knoten. Wenn ihr den Knoten loslasst, segelt der Marshmallow davon. Schafft ihr es vielleicht sogar, euch die Marshmallows gegenseitig in den Mund zu katapultieren?

Tipp

Toll sehen die Schleudern aus, wenn ihr die Klopapierrollen vorher bunt beklebt oder bemalt.

Mit Tischtennisbällen oder kleinen Bällen aus zusammengeknüllter Zeitung könnt ihr mit den Schleudern auch prima Zielschießen spielen. Stellt einfach ein großes Gefäß auf, und versucht aus einiger Entfernung mit der Schleuder die Bälle hineinzutreffen.

MATSCHSTATION
Wilde Matscherei mit Sand und Wasser

Ihr braucht

- altes Doppelwaschbecken, am besten aus Edelstahl (alternativ zwei große Schüsseln oder Plastikkisten)
- zwei Stöpsel
- alter Tisch
- Stichsäge
- Lineal und Bleistift
- Sand
- Wasser
- Sandspielzeug und/oder Küchenutensilien

Und so funktioniert's

Wasser und Sand sind eure beiden Lieblingselemente? Vor allem wenn man sie vermischen kann? Dann braucht ihr dringend eine eigene Matschstation im Garten!

Schritt 1   Wollt ihr die Matschstation für einen längeren Zeitraum in eurem Garten aufstellen, eignet sich dafür am besten ein altes Doppelwaschbecken aus Edelstahl (Keramikwaschbecken sind dafür zu schwer).

Um die Matschstation in Spielhöhe aufzubauen, könnt ihr einen alten (Garten-)Tisch benutzen.
Möchtet ihr nur einen Nachmittag lang matschen, genügt die einfache Variante aus zwei großen Wannen, Schüsseln oder Kisten, die ihr auf den Boden oder auf einen Tisch stellt.

Schritt 2   Bei der Auswahl des Tisches solltet ihr darauf achten, dass er einigermaßen wasserfest ist. Ist er zu hoch, sägt ihr die Tischbeine einfach ein Stück ab. Bitte denkt daran: Die Säge darf nur von Erwachsenen bedient werden.

Schritt 3   Soll eure Matschstation fest installiert werden, sägt ihr mit der Stichsäge ein großes Loch in die Tischplatte, in welches ihr anschließend das Doppelwaschbecken oder die Schüsseln einhängen könnt. Damit Waschbecken oder Schüsseln später nicht durch das Loch rutschen, solltet ihr die Maße vorher anzeichnen. Das Loch muss exakt so groß sein, dass ihr Becken oder Schüsseln hineinhängen könnt und die Ränder dabei oben auf der Tischplatte aufliegen. Eure Schnittkanten müssen nicht sauber sein, sie sind später nicht mehr zu sehen.

Schritt 4   Jetzt müsst ihr nur noch ein Becken mit Wasser und eines mit Sand füllen. Sandspielzeug oder alte Küchenutensilien dazu, und schon kann die fröhliche Matscherei losgehen!

Tipp
Ein altes Waschbecken und einen Tisch findet ihr sicher beim Sperrmüll oder günstig über kostenlose Kleinanzeigen.

MÄUSEJAGD
Mit der Trillerpfeife durch den Wald

Ihr braucht
- Trillerpfeife
- Uhr mit Sekundenzeiger, Stoppuhr oder Handy

Und so funktioniert's

Im Gegensatz zur Schnitzeljagd verfolgt ihr bei der Mäusejagd keine Spur aus Pfeilen, sondern müsst euch ganz auf eure Ohren verlassen.

Schritt 1   Mäusejagd spielt ihr am besten im Wald, auf einer Wiese oder in einem großen Park, wo es viele Büsche und Bäume zum Verstecken gibt. Sprecht vorher ab, wie groß das Spielgebiet sein soll (bis zum Bach/Waldrand/Weg) und wie lange gespielt wird (eine halbe Stunde).

Schritt 2   Bildet zwei Gruppen. Es ist egal, wie groß die Gruppen sind, sie müssen nicht gleich groß sein. Ihr könnt auch zu zweit spielen, allerdings nur, wenn ihr schon alt genug seid, um allein im Spielgebiet unterwegs zu sein. Ansonsten sollte in jeder Gruppe ein Erwachsener oder ortskundiger Jugendlicher dabei sein.

Schritt 3   Die erste Gruppe sind die Mäuse, sie erhalten die Trillerpfeife. Die zweite Gruppe sind die Katzen. Die Mäuse bekommen einen Vorsprung von etwa zwei, drei Minuten und laufen als geschlossene Gruppe davon. Sie sollten so viel Vorsprung bekommen, dass sie in dieser Zeit außer Sicht-, aber nicht außer Hörweite der Katzen gelangen können.

Schritt 4   Nach der vereinbarten Zeit müssen die Mäuse einmal piepsen, also laut in die Trillerpfeife blasen. Sobald die Katzen die Trillerpfeife hören, dürfen sie die Verfolgung aufnehmen.

Schritt 5   Nun versuchen die Katzen die Mäuse anhand des Piepsens aufzuspüren und die Mäuse vor den Katzen zu fliehen (immer als geschlossene Gruppe!). Dabei müssen sie jetzt allerdings jede Minute einmal piepsen. Schaffen die Katzen es, die Mäuse innerhalb der vereinbarten Spielzeit aufzustöbern?

Tipp

Wenn ihr keine Trillerpfeife habt, könnt ihr natürlich auch mit etwas anderem Lärm machen, etwa mit zwei Topfdeckeln, die ihr gegeneinanderschlagt. Es gibt sogar eine Trillerpfeifen-App …
Für ältere Kinder kann die Geschichte angepasst werden. So könnte die erste Gruppe zum Beispiel aus Astronauten bestehen, die vor den Aliens fliehen. Dabei geben ihre Raumanzüge aufgrund der feindlichen Atmosphäre alle 60 Sekunden ein Warnsignal von sich.

MONTAGSBAUMEISTER

Ratet mal, was ich hier baue

Ihr braucht

- Lego- oder Duplosteine (am besten auch Figuren, Räder …)
- Stoppuhr oder Sanduhr
- Wortkarten

Und so funktioniert's

Wie der Name schon sagt, funktioniert das Spiel nach dem altbewährten Prinzip von „Montagsmaler". Nur dass hier nicht gemalt, sondern gebaut wird!

Schritt 1 Falls ihr ein Spiel mit Wortkarten besitzt (Tabu, Activity, Codenames), benutzt einfach diese Wortkarten. Andernfalls könnt ihr eine Vorlage mit 200 Wörtern auf www.77sachen.de/wortkarten herunterladen, ausdrucken und ausschneiden. Wer es lieber digital mag, lädt sich eine kostenlose App herunter, die nach dem Zufallsprinzip Wörter generiert. Ihr findet sie im App Store mit den englischen Suchbegriffen „random word generator". Besonders praktisch für unterwegs!

Schritt 2   Ihr könnt in zwei Teams gegeneinander spielen oder jeder gegen jeden. Alle Wortkarten werden gemischt und auf einen verdeckten Stapel gelegt. Die Bausteine liegen auf dem Tisch bereit.

Schritt 3   Der erste Spieler zieht eine Karte und liest im Geheimen das darauf stehende Wort. Er hat nun eine Minute Zeit, um das Wort nachzubauen.

Schritt 4   Spielt ihr in Teams, darf nur das eigene Team während der Bauzeit raten, um welchen Begriff es sich handelt. Wird der Begriff erraten, bekommt das Team die Wortkarte (= einen Punkt). Spielt ihr jeder gegen jeden, dürfen alle raten. Derjenige Spieler, der den Begriff errät, erhält die Wortkarte beziehungsweise einen Punkt.

Schritt 5   Ist die Zeit noch nicht abgelaufen, darf der Baumeister sich an einem weiteren Begriff versuchen. Natürlich darf der Baumeister während des Bauens keine Tipps geben!

Tipp

Für ältere Kinder ist Montagsbaumeister auch gut als Lernspiel für fremdsprachige Vokabeln geeignet. Vokabelkärtchen hat man oft sowieso schon für die Schule angelegt oder gekauft. Sie können prima als Wortkarten verwendet werden. Auch die oben beschriebenen Wortgenerator-Apps gibt es in verschiedenen Sprachen. Dann muss der Begriff natürlich in der Fremdsprache erraten werden. So macht Lernen wirklich Spaß!

OUTDOOR TIC TAC TOE
Drei gewinnt für Wald und Wiese

Ihr braucht
- fünf Steine und fünf Blätter (oder beliebige andere kleine Gegenstände, wie Kronkorken, Blumen, Münzen …)
- vier Stöcke oder lange Gräser

Und so funktioniert's
Bestimmt kennt ihr alle das Spiel „Tic Tac Toe" oder „Drei gewinnt". Für diese Version braucht ihr weder Papier noch Stift, und ihr könnt es praktisch überall spielen.

Schritt 1 Sucht euch einfach eure Spielmaterialien zusammen. Zuerst braucht ihr vier relativ gerade dünne Stöcke, Äste oder lange Gräser. Legt zwei davon parallel zueinander mit etwas Abstand auf den Boden. Die anderen beiden legt ihr quer dazu darüber, sodass ein Spielfeld mit neun Quadraten entsteht.

Schritt 2 Nun braucht ihr noch jeweils fünf Spielsteine. Vereinbart, wer was als Spielsteine nutzt, und sucht euch jeweils fünf ähnliche Gegenstände zusammen. Das können kleine und große Steine, Eicheln, Blätter, Blumen oder alles mögliche andere sein.

Schritt 3   Nun wird gespielt. Der Startspieler legt einen seiner Gegenstände in eines der neun Spielquadrate. Dann ist der zweite Spieler an der Reihe, einen seiner Gegenstände in eines der verbleibenden freien Quadrate zu legen. Gelegt wird immer abwechselnd. Schafft es ein Spieler, drei seiner Gegenstände in einer Reihe (längs, quer oder diagonal) zu platzieren, gewinnt er die Partie.

Tipp
Für fortgeschrittene Spieler könnt ihr das Spielfeld auch vergrößern, indem ihr mit sechs Stöcken ein Feld mit 16 Quadraten baut. Bei noch größeren Spielfeldern könnt ihr anstelle von „Drei" auch „Vier gewinnt" spielen.

PUDDING ODER KUHFLADEN

Ratespiel (nicht nur) für Zeichenkünstler

Ihr braucht
• Papier und Stifte

Und so funktioniert's

Dieses Spiel macht allen Spaß, die bereits lesen und schreiben können! Es können beliebig viele Kinder und Erwachsene mitspielen, ihr solltet allerdings mindestens zu dritt sein.

Schritt 1   Jeder Mitspieler erhält Papier und Stift. Schreibt oben auf euer Blatt Papier ein Wort und dreht das Papier dann um, sodass die anderen Mitspieler nicht sehen, was ihr aufgeschrieben habt. Wenn ihr das Spiel zum ersten Mal spielt, solltet ihr nur Hauptwörter/Substantive verwenden, die Gegenstände bezeichnen (Badewanne, Schlittschuh, Ampel ...).

Schritt 2   Wenn alle fertig sind, gibt jeder sein Blatt an seinen rechten Nachbarn weiter. Dieser darf das Blatt wieder umdrehen und muss nun versuchen, unter dem Wort genau diesen

Gegenstand zu zeichnen. Lasst dabei zwischen Wort und Zeichnung einen kleinen Abstand.

Schritt 3   Faltet euer Papier nach vorne um, dass eure Zeichnung noch zu sehen ist, das geschriebene Wort aber verschwindet. Dann gebt ihr das Papier wiederum nach rechts weiter.

Schritt 4   Nun schreibt der nächste Spieler unter die Zeichnung, was er zu erkennen glaubt. Anschließend wird das Papier wieder so umgefaltet, dass die Zeichnung verschwindet und nur noch das Wort zu sehen ist.

Schritt 5   Jetzt wird wieder gezeichnet. Bild raten und Bild zeichnen wechseln sich also immer ab. Nach jedem Schritt gebt ihr das Blatt Papier nach rechts weiter. So wird die Runde fortgesetzt, bis alle Blätter voll sind. Dann wird aufgefaltet, und es darf gelacht werden!

Tipp

„Pudding oder Kuhfladen" eignet sich gut, um Kinder an langweiligen Kaffeetafeln bei Familienfesten oder während langer Zugfahrten zu beschäftigen. Wenn ihr etwas Übung habt, könnt ihr es auch mit Tätigkeitswörtern (Verben – schwimmen, lesen, teilen ...) versuchen . Noch schwieriger zu zeichnen sind Hauptwörter (Substantive), die keine Gegenstände bezeichnen (Purzelbaum, Ärger, Hitze ...) oder Eigenschaftswörter (Adjektive – lustig, hart, groß, schnell ...). Die Ergebnisse werden dafür aber auch umso lustiger!

PUSTEKUCHEN

Wer pustet die letzte Karte vom Stapel?

Ihr braucht
- leere Glasflasche
- ein Satz beliebige Spielkarten
- drei Spielchips pro Spieler (Kronkorken, Münzen, Nüsse)

Und so funktioniert's

Pustekuchen ist ein kurzweiliges Spiel für zwischendurch, das ihr (fast) überall spielen könnt.

Schritt 1   Setzt euch um einen Tisch und stellt eine leere, offene Glasflasche in die Mitte. (Solltet ihr nur eine Plastikflasche zur Hand haben, füllt ein wenig Wasser hinein, damit sie stabiler steht.) Auf die Flaschenöffnung legt ihr einen Stapel Spielkarten. Jeder Spieler erhält drei Spielchips.

Schritt 2   Nun wird gepustet, und zwar reihum. Dabei müsst ihr versuchen, mindestens eine, jedoch nicht alle Karten von der Flasche zu pusten. Aber Achtung: Ihr dürft vor dem Pusten nur einmal Luft holen!

Schritt 3   Wer keine Karte oder die letzte Karte von der Flasche pustet, verliert einen Spielchip. Wer keinen Spielchip mehr hat, scheidet aus. Gewonnen hat, wer als Letztes noch mindestens einen Spielchip übrig hat. Ihr könnt aber auch vereinbaren, nur zu spielen, bis zwei Spieler ausgeschieden sind. Dann gewinnt derjenige mit den meisten verbleibenden Spielchips.

Tipp

Wenn der Tisch zu groß ist, um die Flasche in die Mitte zu stellen, stellt die Flasche vor den Startspieler und schiebt sie vorsichtig weiter, nachdem er gepustet hat. Mit etwas bespielten Karten ist das Spiel übrigens deutlich einfacher als mit einem neuen Blatt.

RITTERTURNIER

Eine mittelalterliche Gartenolympiade

Ihr braucht

- fürs Lanzenstechen:
  Schubkarre, Schnur, Klorolle, Stock
  oder Besenstiel
- für den Nahkampf:
  zwei weiche Kissen, ein langes Brett
- für Helden in Strumpfhosen:
  alte Strumpfhose, Tennisball oder
  Kartoffel, Plastikflaschen und Dosen

Und so funktioniert's

Wer möchte nicht einmal Ritter oder
Burgfräulein sein? Bei den Ritterspie-
len treten junge (und ältere!) Recken
in verschiedenen Disziplinen gegeneinander an.

Lanzenstechen

Im Kampf muss ein Ritter vom Pferd
aus zielgenau treffen können. Diese
Fähigkeit wird beim Lanzenstechen
trainiert.

Fädelt die Klopapierrolle auf die
Schnur auf und spannt die Schnur
quer durch den Garten (auf ungefähr 1 m Höhe). Nun treten jeweils ein
Ritter und ein Pferd miteinander an.

Das „Pferd" schiebt die Schubkarre, der Ritter sitzt darin und hält einen Stock oder Besenstil als Lanze in der Hand. In vollem Lauf galoppiert das Pferd entlang der Schnur. Der Ritter versucht, mit der Lanze die Klorolle aufzuspießen. Es gilt, die Strecke in möglichst kurzer Zeit zurückzulegen. Wer die Klorolle nicht erwischt, muss umkehren und es erneut versuchen. Welches Reiterpaar meistert die Aufgabe am schnellsten?

Nahkampf
Ein feindlicher Ritter hat es auf die Zugbrücke zur Burg geschafft. Der dort beheimatete Ritter muss nun versuchen, ihn abzuwehren.
Ein Brett stellt die Zugbrücke dar. Es sollte so breit sein, dass ihr bequem darauf stehen könnt. Habt ihr nichts Ähnliches zur Verfügung, malt einfach mit Straßenkreide eine Zugbrücke auf den Boden auf. Beide Ritter bewaffnen sich mit einem Kissen und besteigen die Zugbrücke von verschiedenen Seiten. Nun müsst ihr versuchen, euch mit den Kissen gegenseitig von der Brücke zu schlagen. Der Gegner darf nur mit dem Kissen attackiert werden. Mit dem Kissen darf nicht ins Gesicht geschlagen werden. Wer als Erstes aus dem Gleichgewicht gerät und mit einem oder beiden Füßen von der Brücke „fällt", verliert.

Helden in Strumpfhosen
Um den schweren Ritterhelm tragen zu können, trainieren Ritter Kraft und Geschicklichkeit auch mit Kopf und Nacken.
Steckt den Tennisball oder die Kartoffel in einen Fuß der Strumpfhose. Der zweite Strumpfhosenfuß wird nicht benötigt. Ihr könnt ihn über den ersten stülpen. Nun stülpt sich der tapfere Recke die Strumpfhose auf den Kopf wie eine Mütze. Das Bein mit dem Gewicht darin hängt frei herunter. So „bewaffnet", müsst ihr nun verschiedene Hindernisse umwerfen, zum Beispiel Plastikflaschen oder gestapelte Dosen. Gewonnen hat, wer in einer festgelegten Zeit die meisten Hindernisse erfolgreich umkegelt.

Tipp
Weitere Ritterspiele findet ihr auf www.77sachen.de/ritterturnier.

SCHNEESCHUHWANDERN
Ein ganz besonderer Winterspaziergang

Ihr braucht

- Schneeschuhe
  (können beim DAV und in vielen Sportgeschäften geliehen werden)
- Wander- oder Skistöcke
  (können ebenfalls geliehen werden)
- feste, wasserdichte Schuhe
  (Wanderschuhe/Snowboardboots)
- Gamaschen
  (können meist mit den Schneeschuhen zusammen ausgeliehen werden). Bei Snowboardboots könnt ihr auf die Gamaschen verzichten.

Und so funktioniert's

Warum diesen Winter nicht mal eine neue „Sportart" mit der ganzen Familie ausprobieren?

Schritt 1 Schneeschuhwandern erfordert kein besonderes Vorwissen und ist ein tolles Naturerlebnis. Ihr könnt es gemütlich angehen lassen oder euch richtig auspowern. Auf jeden Fall schmecken Suppe oder Kaiserschmarrn auf der Hütte anschließend doppelt so gut!

Schritt 2   Geeignet für eine Schneeschuhwanderung sind alle schneebedeckten Wege und Felder. Für den Anfang solltet ihr eine kurze Strecke ohne große Steigung auswählen. 1 bis 3 km sind ausreichend.

Schritt 3   Zieht euch nicht zu warm an, da man trotz winterlicher Temperaturen beim Schneeschuhwandern schnell ins Schwitzen gerät. Außerdem solltet ihr einen kleinen Rucksack mitnehmen, in den ihr etwas zu trinken und vielleicht einen kleinen Snack einpackt.

Schritt 4   Wenn ihr in den Bergen unterwegs seid, solltet ihr wegen der Lawinengefahr nur auf ausgewiesenen Winterwanderwegen gehen.

Tipp

Schöne Strecken findet ihr oft neben Langlaufloipen. Die sind meistens flach und als Rundwege angelegt. Am Einstieg gibt es Parkplätze und oft eine Hütte, in der ihr anschließend gemütlich etwas essen oder eine heiße Schokolade trinken könnt. Übrigens: Mit etwas handwerklichem Geschick könnt ihr euch aus stabilen Weidenruten und Schnur auch selber Schneeschuhe bauen. Eure Winterschuhe befestigt ihr mit einem alten Gürtel oder einem ausgedienten Fahrradschlauch daran. Dann braucht ihr nur noch zwei Stöcke, und los geht die Winterwanderung!

SPIELEND UNTERWEGS

So machen Wandern und Spazieren Spaß!

Ihr braucht

- ein Stück Stoff oder ein Kleidungs-
stück zum Augenverbinden
- für jeden einen Beutel / eine Tüte

Und so funktioniert's

Wandern oder spazieren gehen findet ihr langweilig? Jetzt nicht mehr! Mit diesen Weg- und Pausenspielen seid ihr ruckzuck am Ziel.

Finde den Fehler

Ein Spieler befestigt einen (natürlichen oder mitgebrachten) Gegenstand an einer Pflanze, zu der er nicht gehört, zum Beispiel einen Tannenzapfen an einem Laubbaum, ein Gänseblümchen zwischen Löwenzahnblättern oder ein Bonbonpapier an einem Apfelbaum. Wer zuerst den Fehler findet, darf eine neue Pflanze „dekorieren".

Blinder Forscher

Bei diesem Pausenspiel bekommt ein Spieler die Augen verbunden. Dann wird er zu einem Baum oder Stein oder einer Pflanze geführt und darf das Objekt anfassen. Wählt etwas aus, von dem es mehrere Exemplare am Pausenplatz gibt. Anschließend wird der blinde Forscher wieder weggeführt, und die Augenbinde wird abgenommen. Nun werden ihm mehrere Bäume, Steine oder Pflanzen gezeigt, und er muss raten, welches Objekt er ertastet hat.

Buchstaben suchen

Jedes Kind versucht, am Wegesrand einen Gegenstand zu finden, der mit demselben Buchstaben wie sein Vorname beginnt. Dann mit dem zweiten Buchstaben und so weiter. Alternativ könnt ihr natürlich auch Gegenstände in der Farbe eurer T-Shirts, Gegenstände mit vier Buchstaben oder Gegenstände mit gleichem Anfangs- und Endbuchstaben suchen. Letzteres eignet sich allerdings erst für Schulkinder.

Natur-Memory

Der Spielleiter sammelt zehn Gegenstände, die an eurem Weg häufiger vorkommen, und legt sie unter ein Tuch oder eine Jacke. Nun dürft ihr zehn Sekunden lang die Gegenstände ansehen. Zur späteren Kontrolle könnt ihr davon auch ein Foto mit dem Smartphone machen. Auf dem weiteren Weg müsst ihr nun versuchen, möglichst viele der Gegenstände zu finden. Wer bis zum Ziel die meisten Gegenstände in seinem Beutel gesammelt hat, gewinnt.

Tipp

Die meisten Spiele lassen sich nicht nur in der Natur spielen, sondern in ähnlicher Form auch beim Stadtbummel, im Museum oder auf einer (für Kinder und Jugendliche manchmal gar nicht so spannenden) Familienfeier.

TARZANSPIELE

Dschungel-Abenteuer im Wald erleben

Ihr braucht

• ein stabiles Seil (5 m oder länger)

Und so funktioniert's

Mit einem Seil im Gepäck wird aus dem Wald schnell ein Urwald und aus eurem Ausflug ein kleines Abenteuer!

Tarzanschaukel

Befestigt das Seil an einem stabilen, waagerechten Ast möglichst hoch über euren Köpfen. Knotet an einem Ende etwas über Kopfhöhe einen dicken Stock fest. Dranhängen, los-schwingen! Wenn ihr das Seil nicht so weit oben aufhängen könnt, knotet den Stock einfach auf Hüfthöhe fest. Dann könnt ihr euch auf die Tarzan-schaukel setzen.

Schlangenbändiger

Ein Spieler hält das Seil an einem Ende fest und lässt das Seilende durch schnelle Hin- und Herbewe-gungen wie eine Schlange auf dem Boden tanzen. Gleichzeitig läuft er rückwärts davon. Wer schafft es, die zuckende Schlange zu fangen? Schlangenbändiger in Ausbildung treten einfach mit dem Fuß auf die Schlange. Profis versuchen, sie mit der Hand zu erwischen.

Dschungelparty-Spiel

Spannt das Seil auf Brusthöhe zwischen zwei Bäumen. Stellt euch auf eine Seite des Seils. Nehmt einen Tannenzapfen oder etwas Ähnliches, werft ihn hoch über das Seil, huscht schnell unter dem Seil hindurch, und versucht, den Zapfen auf der anderen Seite aufzufangen. Das ist ganz schön schwierig, aber auch sehr lustig!

Himmelsleiter

Sucht zwei Bäume, die maximal 2 m Abstand zueinander haben. Knotet das Seil ganz unten um einen Baum fest. Dann schlingt ihr es im Zickzack immer höher abwechselnd um beide Bäume. Ganz oben knotet ihr das Seilende wieder gut fest. Nun könnt ihr auf der so entstandenen Leiter zwischen den Bäumen hinaufklettern.

Pumajagd

Knotet an ein Ende des Seils einen Tannenzapfen oder einen sehr kleinen Stock fest. Der Pumajäger stellt sich in die Mitte, alle Pumas stellen sich im Kreis mit 3 m Abstand um ihn herum auf. Nun schwingt der Jäger das Seil maximal auf Kniehöhe um sich herum. Die Pumas müssen rechtzeitig hochspringen, damit der Zapfen sie nicht erwischt. Wer gefangen wird, ist der neue Pumajäger. Habt ihr gewusst, dass ein Puma bis zu 6 m hoch springen kann? Wie hoch schafft ihr es?

Wald-Mandala

Zum Schluss gibt es noch ein bisschen Entspannung nach eurem Dschungel-Abenteuer. Legt aus dem Seil eine große Schnecke auf den Boden. Füllt die Abschnitte der Schnecke mit verschiedenen Naturmaterialien (Blättern, Zapfen, Stöcken, Rinde, Eicheln …). Ein schönes Bild entsteht!

Tipp

Lust auf noch mehr Spiele mit Seil? Baut ein Gehege für die „Rehe" (Kinder), und füttert sie mit Kastanien und Tannenzapfen, spannt ein Spinnennetz zwischen zwei Bäumen, und versucht, ohne Berührung hindurchzusteigen, oder tanzt Dschungel-Limbo!

TISCHTUCHHAUS

Baut euch ein eigenes Spielhaus

Ihr braucht

- eine große alte Tischdecke oder ein großes altes Leintuch (möglichst kein Spannbettlaken)
- kleiner Tisch
- dicke Filzstifte oder Stoffmalstifte
- Schere
- Wäscheklammern oder Faden und Nähmaschine

Und so funktioniert's

Ein eigenes Spielhäuschen ist eine tolle Sache! Das Tischtuchhaus ist schnell gebaut und vor allem auch schnell wieder abgebaut, wenn der Platz anderweitig gebraucht wird.

Schritt 1 Ein kleiner Tisch bildet das Grundgerüst eures Spielhauses. Gut geeignet ist zum Beispiel ein kleiner Campingtisch. Breitet das Tuch über den Tisch aus. Es sollte so groß sein, dass es auf allen vier Seiten den Boden berührt. Ist der Tisch zu groß bzw. das Tuch zu klein, könnt ihr auch zwei alte Leintücher zusammennähen.

Schritt 2   Jetzt habt ihr zwei Möglichkeiten: Entweder krabbelt ihr unter den Tisch und klemmt den überflüssigen Stoff an allen vier Ecken mit Wäscheklammern zusammen. Oder ihr schneidet an allen vier Ecken das „überflüssige" Rechteck heraus und näht die beiden Schnittkanten mit der Nähmaschine zusammen (beim Abschneiden auf die Nahtzugabe achten).

Schritt 3   Natürlich braucht euer Haus jetzt noch Fenster und eine Türe. Bei einem größeren Häuschen schneidet ihr einfach eine Türöffnung aus. Bei einem kleineren Häuschen könnt ihr auch von unten einen senkrechten Schlitz in den Stoff schneiden, durch welchen ihr hinein- und herauskrabbeln könnt. Neben dem Schlitz malt ihr eine Türklinke auf.

Schritt 4   Die Fenster malt ihr entweder auf oder schneidet sie aus. Wenn ihr vermeiden wollt, dass das Tuch durch zu große Löcher an Form verliert, schneidet Fenster mit vier kleinen Löchern (also mit einem Kreuz in der Mitte) aus.

Schritt 5   Nun dürft ihr euer Häuschen noch beliebig verschönern. Wenn es draußen steht, könnt ihr einen eigenen Garten oder sogar einen Gartenzaun um euer Spielhaus herum anlegen. Wenn es drinnen steht, könnt ihr aus Karton ein Giebeldach obendrauf bauen. Einen Schornstein? Eine Hundehütte? Einen Briefkasten? Euch fallen bestimmt noch mehr Dinge ein!

Tipp

Auch alte Bettbezüge sind gut zum Bauen eines Tischtuchhauses geeignet. Schneidet sie an einer langen und der kurzen Seite auf, um ein möglichst großes Stoffstück zu erhalten.

VULKANAUSBRUCH
Mini-Experiment mit Backpulver und Essig

Ihr braucht
- Backpulver
- Essig
- rote Lebensmittelfarbe
- Spülmittel
- zwei Gläser
- nur für drinnen:
  Tablett, Teller und Alufolie

Und so funktioniert's

Habt ihr schon mal einen echten Vulkan gesehen? Nein? Macht nichts, jetzt könnt ihr euch euren eigenen Vulkan bauen. Und der spuckt sogar Lava!

Schritt 1 Draußen müsst ihr zuerst einen passenden Platz für euren Vulkanausbruch suchen. Gut eignet sich ein Sandkasten oder Erdhügel, wo ihr einen kleinen Berg für euren Vulkan bauen könnt. Das ist zwar für das Experiment nicht entscheidend, sieht aber natürlich viel besser aus! Schüttet aus Sand oder Erde einen kleinen Berg auf, und grabt auf dem Gipfel ein Glas mit der Öffnung nach oben so weit ein, dass nur noch der Rand herausschaut. Es sollte dabei kein Sand ins Glas gelangen.

Schritt 2   Wenn ihr das Experiment in der Wohnung durchführt, stellt das Glas auf ein großes Tablett oder eine abwischbare Unterlage. Um ohne Sand oder Erde einen Vulkan zu formen, könnt ihr das Glas zusätzlich auf einen Teller stellen und zwei Bahnen Alufolie über Kreuz darüberspannen. Die Folie schlagt ihr unter dem Tellerrand um, sodass ein Berg entsteht. Schneidet über der Öffnung des Glases ein kleines Kreuz in die Folie, und drückt die vier Ecken am Innenrand des Glases fest.

Schritt 3   Ist der Vulkanberg fertig vorbereitet, schüttet ihr drei Päckchen Backpulver in den Vulkankrater. In einem zweiten Glas vermischt ihr Wasser und Essig halb und halb. Für rote Lava gebt ihr rote Lebensmittelfarbe dazu. (Natürlich kann euer Vulkan auch in einer anderen Farbe spucken.) Zum Schluss müsst ihr noch einen Spritzer Spülmittel dazugeben und gut umrühren.

Schritt 4   Jetzt schüttet ihr das Wasser-Essig-Gemisch in den Vulkankrater, und schon sprudelt die Lava!

Tipp

Vielleicht fallen euch noch mehr Aktivitäten zum Thema Vulkan ein? Eine Anleitung zum Basteln feuerspeiender Drachen findet ihr hier im Buch auf Seite 100!

WASSEROLYMPIADE
Nasser Spaß für heiße Sommertage

Ihr braucht
- vier Eimer, Schüsseln oder Töpfe
- vier leere Joghurtbecher
- zwei Wasserpistolen
- zwei lange Stücke Wäscheleine oder glatte Schnur (je 5 m)
- zwei alte T-Shirts
- Murmeln

Und so funktioniert's
Eine Wasserolympiade ist die Krönung jedes Sommertages. Also rein in die Badesachen, und los geht's!

Ziehbrunnen
Füllt zwei Eimer, Schüsseln oder Töpfe mit Wasser. Die zwei ersten Olympioniken stellen sich je hinter einen vollen Eimer. Hinter den Spielern wird jeweils ein leerer Eimer aufgestellt. Nun erhalten beide einen leeren Joghurtbecher. Auf „Los" dürft ihr nun Wasser aus dem vollen Eimer schöpfen und es – ohne nach hinten zu sehen – über eure Köpfe beziehungsweise eure Schultern in den leeren Eimer schütten. Sieger ist, wessen Eimer zuerst voll ist oder

wer in einer Minute mehr Wasser in seinen Eimer bekommt.

Becher-Raketen

Bohrt in zwei leere Joghurtbecher in die Mitte des Bodens ein kleines Loch. Durch dieses Loch fädelt ihr nun je ein langes Stück Wäscheleine oder glatte Schnur. Dann werden die beiden Wäscheleinen zwischen zwei Bäumen aufgespannt. Die Becher werden mit der Öffnung zuerst jeweils an ein Ende der Wäscheleine geschoben. Beide Spieler erhalten eine Wasserpistole. Indem ihr in den offenen Becher hineinspritzt, müsst ihr nun versuchen, ihn auf der Wäscheleine vorwärtszutreiben. Wer zuerst das andere Ende seiner Leine erreicht, gewinnt. Natürlich darf die Wasserpistole zwischendurch aufgefüllt werden.

T-Shirt schmelzen

Dieses Spiel müsst ihr bereits am Vortag planen. Nehmt zwei ältere T-Shirts, macht sie nass, krumpelt sie gut zusammen und legt sie ins Gefrierfach. Das Spiel kann losgehen, sobald die T-Shirts richtig hart gefroren sind. Jeder Spieler erhält ein Shirt. Gewonnen hat derjenige, der es zuerst schafft, das T-Shirt anzuziehen.

Murmelfischen

Füllt zwei Eimer mit Wasser, und werft jeweils gleich viele Murmeln hinein. Zwei Spieler müssen nun versuchen, die Murmeln nur mit ihren Füßen aus dem Wasser zu fischen. Wer zuerst alle seine Murmeln erfolgreich geangelt hat, gewinnt! Das Umwerfen des Wassereimers ist nicht erlaubt.

Tipp

Wenn ihr anschließend immer noch nicht nass genug seid, probiert doch mal die Dauer-Wasserbomben oder das Wasserbomben-Tennis aus. Anleitungen für beides findet ihr ebenfalls hier im Buch auf den Seiten 18 und 74.

WASSERBOMBEN-TENNIS
Ein Teamspiel für Wasserratten

Ihr braucht

- mindestens vier Spieler
- Wasserbomben
- lange Schnur oder Volleyballnetz
- Geschirrhandtücher

Und so funktioniert's

Eine Partie Wasserbomben-Tennis ist die perfekte sportliche Betätigung für die ganze Familie an einem warmen Sommernachmittag. Macht garantiert alle nass und außerdem natürlich großen Spaß!

Schritt 1 Zuerst müsst ihr eure Wasserbomben befüllen. Je mehr Wasserbomben, desto länger der Spielspaß!

Schritt 2 Außerdem braucht ihr ein Spielfeld. Das kann zum Beispiel ein Beachvolleyballfeld sein. Oder ihr spannt einfach eine Schnur zwischen zwei Bäume. Die Schnur sollte nicht zu hoch gespannt werden, ungefähr auf 1,50 m Höhe (bei kleineren Mitspielern auch etwas niedriger). Feldbegrenzungen seitlich oder nach hinten sind nicht unbedingt notwendig.

Schritt 3   Gespielt wird in zwei Teams. Dabei sollten die Teams jeweils eine gerade Anzahl von Spielern haben. Ist das nicht möglich, fungiert eine Person als Schiedsrichter und wird später abgelöst. Jede Mannschaft stellt sich auf einer Seite des Netzes auf. Je zwei Spieler erhalten gemeinsam ein Geschirrhandtuch. Spannt die Handtücher auf, indem jeder jeweils zwei Ecken festhält.

Schritt 4   Der Schiedsrichter oder ein anderer Spieler legt dem beginnenden Team eine Wasserbombe auf das gespannte Geschirrhandtuch. Nun müssen die beiden Spieler versuchen, die Wasserbombe mithilfe des Geschirrhandtuchs über die Schnur ins gegnerische Feld zu schleudern. Gelingt der Wurf, muss das Team auf der anderen Seite die Wasserbombe ebenfalls mit ausgebreitetem Geschirrtuch auffangen oder direkt zurückschleudern.

Schritt 5   Wurde die Wasserbombe korrekt über die Schnur gespielt und platzt im gegnerischen Feld, gibt es einen Punkt für die eigene Mannschaft. Alternativ können zum Schluss auch die geplatzten Ballons auf beiden Seiten gezählt werden, um den Sieger zu ermitteln. Oder es wird einfach die Mannschaft zum Sieger erklärt, die am Ende trockener ist.

Tipp

Ihr könnt Wasserbomben-Tennis auch mit den Dauer-Wasserbomben von Seite 18 spielen. Dann braucht ihr für jede Mannschaft einen Eimer mit Wasser, um die Dauer-Wasserbombe immer wieder „aufzuladen".

WINTERSAND
Sandburgen bauen in der Wohnung

Ihr braucht
- viel Mehl
- Babyöl
- Sandspielzeug
- große Schüssel
- Planschbecken
- nach Wunsch Lebensmittelfarbe

Und so funktioniert's
Mit Wintersand könnt ihr endlich auch in der kalten Jahreszeit Sandkuchen backen und Sandburgen bauen, sogar bunte, wenn ihr möchtet!

Schritt 1 Für den Indoor-Sandelspaß mischt ihr acht Tassen Mehl mit einer Tasse Babyöl in einer großen Schüssel, so lange, bis eine krümelige Masse entsteht. Nach diesem Mischungsverhältnis könnt ihr beliebig viel Wintersand herstellen.

Schritt 2 Wenn ihr möchtet, färbt euren Wintersand noch bunt ein. Dazu gebt ihr vor dem Mischen einfach eine kleine Tube Lebensmittelfarbe in das Babyöl.

Schritt 3   Jetzt braucht ihr noch einen „Sandkasten", in dem nach Herzenslust Burgen gebaut und Kuchen gebacken werden können. Am besten eignet sich dafür ein leeres Planschbecken. Ihr könnt euch aber auch mit einem großen Karton oder einem Wachstuch behelfen, das ihr auf dem Boden ausbreitet.

Schritt 4   Das Tolle am Wintersand ist: Es lassen sich damit noch viel bessere Sandburgen bauen als mit normalem Sand. Also ran an die Schaufeln und Förmchen, und probiert es aus!

Tipp

Wintersand eignet sich auch schon für kleine Geschwister im Krabbelalter, die gerne noch alles in den Mund stecken. In dem Fall solltet ihr statt Babyöl aber lieber ein Speiseöl verwenden. Dadurch wird der Sand allerdings etwas weniger lange haltbar. Und habt keine Sorge, wenn der Sand sich auch außerhalb eures Indoor-Sandkastens verteilt: Das sieht erst einmal nach einer großen Sauerei aus, er lässt sich aber super aufsaugen.

ZIELFLIEGEN
Torwandschießen mit Papierfliegern

Ihr braucht

- Papier
- Schere
- Zeitungspapier
- Klebeband
- Reißzwecken oder Schnur

Und so funktioniert's

Papierflieger bauen könnt ihr bestimmt schon. Aber habt ihr auch mal versucht, eure Flieger zielgenau durch ein Loch zu steuern? Das ist gar nicht so einfach.

Schritt 1 Klebt mehrere Blätter Zeitungspapier aneinander, sodass eine Fläche von mindestens 1 mal 1,50 m entsteht.

Schritt 2 Schneidet mit der Schere fünf verschieden große Löcher (Durchmesser 10 bis 30 cm) in die Zeitungsfläche.

Schritt 3 Anschließend müsst ihr das Ganze wie einen Vorhang aufhängen. Drinnen nehmt ihr Reißzwecken und pinnt damit eine Seite eures Zeitungsvorhangs an die Decke. Alternativ könnt ihr den Vorhang auch mit Klebefilm in einem Türrahmen aufhängen. Draußen befestigt ihr mit Klebeband eine lange Schnur an einer Seite des Vorhangs und spannt sie anschließend zwischen zwei Bäume.

Schritt 4   Jetzt kann es losgehen! Faltet jeder euren besten Papierflieger und versucht, sie aus einigen Meter Abstand durch die Löcher fliegen zu lassen.

Tipp

Ihr könnt über die Löcher verschiedene Punktzahlen schreiben. Die kleinen Löcher geben dabei natürlich mehr Punkte als die größeren Löcher. Vielleicht müssen die Kinder aber auch am Wochenende das Frühstück machen, wenn Mama als Erste durch das kleinste Loch trifft?

3-D-BILDER
Einfacher Trick für tolle Zeichnungen

Ihr braucht
- Papier
- Bleistift und Radiergummi
- bunte Farbstifte oder Filzstifte

Und so funktioniert's
3-D-Bilder könnt ihr mit vielen Motiven zeichnen. Zum Anfangen eignet sich am besten eure eigene Hand.

Schritt 1   Legt eine Hand mit gespreizten Fingern flach auf ein Stück Papier. Beginnt am Blattrand mit dem Handgelenk und umfahrt alle Finger einzeln sorgfältig mit einer dünnen Bleistiftlinie, bis ihr auf der anderen Seite wieder am Handgelenk angelangt seid.

Schritt 2   Nun kommen die Farben zum Einsatz. Welche Stifte ihr wählt, bleibt euch überlassen. Der Vorteil von Filzstiften oder Faserschreibern liegt darin, dass sich die Bleistiftlinie darunter später leichter wegradieren lässt. Beginnt unten am linken Blattrand und zeichnet eine gerade

Linie, die quer zum Handgelenk eurer aufgemalten Hand verläuft. Aber Achtung: Sobald die Linie an die aufgemalte Hand stößt, wölbt sie sich nach oben. Das heißt, ihr müsst einen leichten Bogen zeichnen. Wichtig dabei ist, dass der Bogen auf der rechten Seite des aufgemalten Handgelenks ungefähr auf derselben Höhe endet, auf der er links angefangen hat.

Schritt 3 Nun zeichnet ihr parallel zur ersten Linie viele weitere Linien im Abstand von jeweils 5 mm. Sobald die Linien auf eure aufgemalte Hand treffen, wölben sie sich leicht nach oben. Auf dem Handgelenk und der Handfläche müsst ihr dazu lange, flache Bögen zeichnen, auf den Fingern viele kurze, kleine Bögen. Die Bögen zeigen alle in Richtung eurer Fingerspitzen und ergeben am Ende den 3-D-Effekt.

Schritt 4 Zum Schluss könnt ihr die Bleistiftlinie vorsichtig wegradieren, und fertig ist euer erstes 3-D-Kunstwerk.

Tipp

Als Motiv eignen sich viele Formen. Wie wäre es zum Beispiel mit deinem Teddybären? Auch frei gezeichnete oder geometrische Formen könnt ihr in 3-D zeichnen. Sterne, Kreise (sehen ein bisschen aus wie Seifenblasen!), Autos, Blumen …

5-MINUTEN-BRATÄPFEL

Leckerei aus der Mikrowelle

Ihr braucht

- Äpfel und Apfelstecher
- Zimt und Zucker
- etwas Zitronen- oder Apfelsaft
- je nach Geschmack: Nüsse, Schokolade, Marzipan, Dominosteine, Müsli, Honig, Rosinen …
- Vanilleeis, Vanillesoße oder Schlagsahne

Und so funktioniert's

Fast jeder mag Bratäpfel, aber in den meisten Familien gibt es sie viel zu selten! Dabei dauert die Zubereitung nach diesem Rezept gerade mal fünf Minuten, und die Zutaten sind so variabel, dass man dafür nicht einmal extra einkaufen gehen muss.

Schritt 1 Stecht mit dem Apfelstecher großzügig das Kerngehäuse aus den Äpfeln.

Schritt 2   Mischt alle Zutaten, mit denen ihr die Äpfel gerne füllen möchtet, mit den Händen zusammen. Wenn die Konsistenz der Masse es zulässt, formt daraus kurze Rollen. Steckt in jeden Apfel eine Rolle mit der Füllung, oder füllt die Masse mit einem kleinen Löffel in die Öffnungen.

Schritt 3   Stellt die fertigen Äpfel in einen tiefen Teller oder in eine flache Glasschale. Schüttet ein kleines bisschen Saft darüber, und bestreut sie mit Zimt und Zucker. Dann stellt ihr den Teller in die Mikrowelle.

Schritt 4   Stellt die Mikrowelle auf 600 bis 800 Watt. Nach zwei bis drei Minuten, je nach Größe der Früchte, sollten die Äpfel schön weich sein. Nun könnt ihr nach Belieben Vanilleeis, Schlagsahne oder Vanillesoße dazugeben. Mhhhh!

Tipp

Wenn ihr keinen Apfelstecher habt, könnt ihr die Äpfel auch einfach in Schnitze oder mundgerechte Happen schneiden, diese dann mit den Zutaten für die Füllung vermischen und in einer Schale in die Mikrowelle stellen. Schmeckt genauso gut und ist vor allem für kleinere Leckermäuler mit dem Löffel einfacher zu essen.

ACTION PAINTING
Farbspaß ohne Stift und Pinsel

Ihr braucht

- Papier
- Klebefilm
- Fingerfarben
- für die Murmelbilder:
  Murmel(n) und einen Karton
- für die Autobilder:
  Spielzeugautos und ein großes Stück
  Pappkarton für die Rampe
- für die Hau-drauf-Bilder
  Wattepads oder kleine Stoffreste
  und einen (Holz- oder Gummi-)
  Hammer

Und so funktioniert's

Mit Farbe kann man nicht nur malen. Es gibt auch viele andere bunte Ideen, die Spaß machen! Einige sind auch schon für ganz kleine Aktionskünstler geeignet. Dabei kommen verschiedene Gegenstände als „Pinsel" zum Einsatz. Wenn ihr drinnen „malt", legt zuerst den Tisch (oder Boden) mit einem alten Wachstuch oder Zeitungen aus. Vor allem bei den Auto- und Hau-drauf-Bildern kann auch mal etwas Farbe danebengehen.

Murmelbilder

Legt ein Blatt Papier in einen Karton, und klebt es mit Klebefilm fest. Dann taucht eine (oder mehrere) Murmel(n) in Farbe, legt sie in den Karton und schwenkt ihn hin und her. So entstehen tolle Bilder aus bunten Linien.

Autobilder

Baut euch aus einem großen Stück Pappkarton und einem Tetrapack oder einer Papiertaschentuchbox eine Rampe. Dazu faltet ihr den Pappkarton ein Stück um und klebt ihn auf dem Tetrapack beziehungsweise der Taschentuchbox fest. Legt ein Blatt Papier auf die Rampe, und klebt es mit Klebefilm fest. Nun wird das Spielzeugauto mit den Rädern in die Farbe getaucht, und ab geht es die Rampe hinunter!

Hau-drauf-Bilder

Macht auf ein Papier mehrere dicke Farbkleckse. Auf jeden Farbklecks legt ihr ein Wattepad oder ein Stück Stoff. Und dann darf mit dem Hammer draufgehauen werden! (Achtung: Je größer der Farbklecks, umso weiter spritzt die Farbe!)

Tipp

Kinderfreundliche Fingerfarben könnt ihr auch selbst herstellen. Eine Anleitung dazu findet ihr hier im Buch auf Seite 88.

BILDER MIT HAND & FUß

Tolle Tiere aus euren Hand- und Fußabdrücken

Ihr braucht

- Schere und Papier
- Farben und Pinsel
- schwarzer Filzstift
- Bleistift und Radiergummi
- Wackelaugen zum Aufkleben
  (es geht aber auch ohne)

Und so funktioniert's

Bestimmt hat jeder von euch schon einmal einen Hand- oder Fußabdruck mit Farbe oder Gips gemacht. Aber wusstet ihr auch, dass ihr mit euren eigenen Hand- und Fußabdrücken tolle Tiere stempeln könnt?

Schmetterling

Für einen Schmetterling braucht ihr je einen Abdruck von euren beiden Füßen. Pinselt zuerst eure linke Fußsohle mit Farbe ein, und macht damit einen Abdruck auf die rechte Seite des Papiers. Dann pinselt ihr die rechte Fußsohle ein und macht damit einen Abdruck auf die linke Seite des Papiers, sodass die beiden großen Zehen außen sind. Eure Fußabdrücke bilden die Flügel des Schmetterlings. Dazwischen sollte eine kleine Lücke bleiben. Nachdem die Abdrücke getrocknet sind, malt ihr entweder mit Pinsel und Farbe oder Filzstift einen dicken Strich in die Lücke zwischen die Flügel. Das ist der Schmetterlingskörper. Oben noch zwei Fühler dran, und schon ist euer Schmetterling bereit zum Abflug!

Goldfisch im Glas

Zeichnet mit dem Bleistift ein Goldfischglas auf und schneidet es aus. Anschließend pinselt ihr eine eurer Handflächen (inklusive Daumen und aller Finger) rot ein. Spreizt die Finger und setzt den Handabdruck waagerecht ins Glas. Der Daumen zeigt dabei schräg nach unten. Lasst den Handabdruck gut trocknen. Könnt ihr den Fisch schon erkennen? Eure Handfläche bildet den Körper, eure Finger die Flossen. Am Ende der Handfläche (dort, wo das Handgelenk wäre) malt ihr dem Fisch nun mit schwarzem Filzstift noch Mund und Augen auf. Wenn ihr möchtet, könnt ihr auch Wackelaugen aufkleben. Malt vor den Mund des Fisches noch einige Blubberblasen. Fertig!

Krabbe

Für die Krabbe braucht ihr beide Handflächen. Pinselt sie inklusive aller Finger mit Farbe ein. Dann haltet ihr beide Handgelenke aneinander und spreizt die Finger so weit wie möglich auseinander. Macht einen Abdruck aufs Papier, bei dem die Handflächen sich in der Mitte berühren. Wenn der Abdruck getrocknet ist, malt oder klebt ihr der Krabbe auf die Spitze eurer Daumenabdrücke Augen auf. Anschließend könnt ihr das Bild noch verschönern, indem ihr Sand, Wellen oder Muscheln dazumalt.

Tipp

Fußabdruckbilder macht ihr am besten draußen und stellt schon mal eine Schüssel Wasser bereit, um die Füße hinterher wieder zu waschen. Habt ihr keine Möglichkeit, draußen zu malen, dann breitet ein großes Wachstuch oder Zeitungspapier auf dem Fußboden aus, oder malt in Bad oder Küche, wo es Fliesenboden und Wasser gibt.

Mehr Ideen für Tiere aus euren Hand- und Fußabdrücken findet ihr auf www.77sachen.de/abdruecke.

EISKEKSE

Sommersnack ohne klebrige Finger

Ihr braucht

- euer Lieblingseis
- möglichst große Kekse
- scharfes Messer

Und so funktioniert's

Vor allem bei den kleinsten Eis-Fans ergibt die Leckerei am Stiel oft eine große Sauerei. Besser klappt es mit diesen Eiskeksen!

Schritt 1 Achtet darauf, dass das Eis gut durchgefroren ist. Wenn ihr direkt vom Einkaufen kommt, legt es lieber noch einmal für eine Stunde ins Gefrierfach.

Schritt 2 Ihr beginnt mit den Keksen. Gut geeignet sind große runde Cookies, Butterkekse oder Haferkekse. Natürlich könnt ihr auch selbst Kekse im passenden Format backen.

Schritt 3   Legt eine Hälfte der Kekse mit der schönen Seite nach unten auf einen Teller oder auf ein Brett. Schneidet das Eis in Scheiben von möglichst passender Größe. Das geht am besten, wenn ihr das Messer nach jedem Schnitt kurz in ein Gefäß mit heißem Wasser taucht. Legt auf jeden Keks eine Scheibe Eis. Anschließend legt ihr einen weiteren Keks als Deckel auf das Eis, dieses Mal natürlich mit der schönen Seite nach oben. So schnell sind eure Eiskekse fertig. Mmhhhh, lecker!

Tipp

Je dünner ihr die Eisscheiben schneidet, desto weniger Sauerei gibt es beim Essen. Außerdem bleibt so die Naschportion etwas kleiner.

FAMILIENPORTRÄTS
Schattenbilder mit dem Beamer zeichnen

Ihr braucht

- großes (buntes) Papier (am besten DIN A3)
- Reißzwecken oder Klebefilm
- Bleistift
- Schere
- Beamer, Diaprojektor oder Spotlight

Und so funktioniert's

Mithilfe einer gebündelten Lichtquelle (bspw. eines Beamers) könnt ihr die Umrisse eurer Köpfe und Gesichter nachzeichnen. Macht Spaß, sieht toll aus und ist ein wunderbares (Weihnachts-)Geschenk für die Großeltern.

Schritt 1 Befestigt ein großes Blatt Papier hochkant und in Brusthöhe mit Reißzwecken an der Wand oder mit Klebefilm an einer Tür.

Schritt 2 Richtet den Beamer so aus, dass sein Licht genau auf das Papier strahlt, und stellt einen Stuhl zwischen Beamer und Papier.

Schritt 3   Setzt euch so auf den Stuhl, dass ihr weder den Beamer noch das Papier anschaut, sondern den Blick zur Seite richtet. Das Profil eures Gesichts sollte nun auf dem Blatt Papier einen Schatten werfen. Ist der Schatten zu groß für das Papier, müsst ihr den Stuhl etwas weiter von der Lichtquelle entfernen.

Schritt 4   Nun heißt es stillsitzen, während eine zweite Person die Umrisse eures Schattens auf dem Papier nachzeichnet.

Schritt 5   Anschließend wird gewechselt. Zum Schluss schneidet ihr die Gesichter aus und habt tolle Porträts!

Tipp

Wenn ihr zu dritt seid, versucht es doch einmal mit einem Doppelporträt. Setzt euch auf zwei gegenüberstehende Stühle, die dritte Person zeichnet. Das Papier solltet ihr hierfür im Querformat aufhängen.

KINDERFARBEN

Ungiftige Fingerfarben selber machen

Ihr braucht

- Salz
- Speisestärke oder Maisstärke
- Wasser
- Lebensmittelfarbe
- Speiseöl

Und so funktioniert's

(Ganz) kleine Maler stecken die Farbfinger zwischendurch versehentlich auch schon mal in den Mund. Kein Problem, die Kinderfarben könnt ihr (theoretisch) sogar essen!

Schritt 1   Füllt zweieinhalb kleine Tassen Wasser in einen Topf und bringt es zum Kochen. Dann rührt ihr nach und nach etwa eine halbe kleine Tasse Stärke hinein, bis sich eine leicht cremige, aber nicht zu feste Konsistenz ergibt. Die Masse darf ruhig etwas flüssiger sein, als ihr das von Fingerfarben kennt, da sie beim Auskühlen fester wird.

Schritt 2   Zum Schluss gebt ihr noch einen Teelöffel Salz dazu, damit sich die Farbe etwas länger hält. Wenn ihr möchtet, könnt ihr auch einige Tropfen Öl hineinmischen, um die Leuchtkraft der Farben zu verstärken.

Schritt 3   Jetzt verteilt ihr die Masse in mehrere Schraubgläser und rührt Lebensmittelfarben darunter. Wenn ihr kräftige Farben möchtet, solltet ihr nicht an der Lebensmittelfarbe sparen, da die Stärke automatisch einen Pastelleffekt bewirkt.

Schritt 4   Wenn die Farben abgekühlt sind, noch einmal gut durchschütteln, und dann darf gefahrlos drauflosgemalt werden. Mit den Fingern, mit Pinseln oder mit einer

der anderen Mal-Ideen, die ihr hier im Buch findet. Da sich die Farbe von glatten Oberflächen gut wieder abwaschen lässt, eignet sie sich auch zum Bemalen von Fenstern.

Tipp
Sollten sich beim Einrühren der Stärke kleine Klümpchen bilden, püriert die Masse einfach mit dem Zauberstab durch. Sind die Farben nach dem Auskühlen oder nach einigen Wochen Aufbewahrung zu fest, könnt ihr sie erneut erhitzen und mit etwas Wasser verdünnen.

KUNST FÜR KINDER
Aus Alltagssachen Pinsel machen

Ihr braucht
- Papier
- Fingerfarben
- alte Gläser oder Schüsseln zum Farbenverdünnen
- mindestens einen der folgenden Alltagsgegenstände:
  alte Spülbürste oder
  alte Zahnbürste und Sieb oder
  leerer Deoroller oder
  Wäscheklammern und Watte oder
  Plastikkarte im Kreditkartenformat

Und so funktioniert's
Mit vielen Alltagsgegenständen lässt es sich prächtig malen! Probiert doch mal eine dieser Ideen aus:

Blumenwiese mit der Spülbürste
Zuerst verdünnt ihr die Farbe mit etwas Wasser und gebt sie in eine niedrige Schale oder einen tiefen Teller. Dann taucht ihr die Spülbürste ein und „stempelt" damit Blüten aufs Papier. Nutzt verschiedene Farben, und stempelt eine bunte Blumen-

wiese! Wenn ihr möchtet, könnt ihr anschließend die Blumenstängel und -blätter noch mit Stift oder Pinsel dazumalen.

Bunte Blätter

Mit der Spritztechnik malt ihr am besten draußen, oder ihr bedeckt euren Tisch vorher mit einem Wachstuch oder altem Zeitungspapier und zieht euch eine Malerschürze an. Taucht die Zahnbürste in leicht mit Wasser verdünnte Farbe. Reibt die Bürste über das Sieb, sodass lauter kleine Farbspritzer auf eurem Papier landen. Wenn ihr möchtet, könnt ihr vorher draußen Blätter sammeln und auf euer Papier legen oder einfach Figuren ausschneiden. Wenn ihr sie nach dem Spritzen vom Papier nehmt, bleiben ihre weißen Formen zurück.

Rollen statt pinseln

Nehmt einen leeren Deoroller und wascht ihn gründlich ab. Anschließend taucht ihr ihn in die Farbe, die ihr vorher ganz leicht mit Wasser verdünnt habt. Nun könnt ihr damit malen wie mit einem dicken Filzstift. Wenn der Roller nicht mehr malt, einfach erneut in die Farbe tauchen. Vor allem ganz kleine Maler können so schon tolle Bilder gestalten.

Wattetupfen

Klemmt eine Wäscheklammer an einen Wattebausch, sodass ihr ihn gut festhalten könnt. Dann taucht ihr den Wattebausch in die leicht mit Wasser verdünnte Farbe und stempelt damit bunte Tupfen aufs Papier. Daraus können Blumen werden, aber auch viele andere Formen. Die Technik eignet sich auch gut zum „Ausmalen" von großen Formen, beispielsweise einem ausgeschnittenen Osterei, Stern oder Tannenbaum.

Moderne Kunst

Habt ihr euch schon immer gefragt, wie berühmte Künstler ihre Zehn-Millionen-Dollar-Meisterwerke schaffen? Vielleicht so: Macht mit unverdünnter Farbe kleine Kleckse auf ein Papier. Dann nehmt ihr die Plastikkarte und verstreicht die Farbe damit in verschiedene Richtungen. Probiert einfach mal aus, was dabei herauskommt!

Tipp

Bestimmt fallen euch noch andere Alltagsgegenstände ein, mit denen ihr bunte Bilder gestalten könnt.

STEMPELROLLER

Geschenkpapier & Tapeten selbst gestalten

Ihr braucht

- Fusselroller
- Moosgummi
- Schere
- flacher Deckel von einer Eisbox, einem Schuhkarton oder Ähnlichem
- Wand/Packpapier/Leinwand/Tapete
- Farbe (je nach Untergrund Wand- oder Fingerfarben)

Und so funktioniert's

Dieses Jahr sollen die Geschenke in selbst gestaltetem Geschenkpapier verpackt werden? Ihr möchtet einen Sternenhimmel über eurem Bett? Oder eine Bordüre mit Autos an der Wand? Nichts leichter als das – mit einem selbst gebauten Stempelroller!

Schritt 1 Für einen Sternenhimmel schneidet ihr aus Moosgummi mehrere Sterne unterschiedlicher Größe (ungefähr 3 bis 8 cm) aus.

Schritt 2 Entfernt erst das oberste Klebeblatt vom Fusselroller, sodass er wieder seine volle Klebekraft hat. Dann klebt ihr die Sterne, gut verteilt, rund um die Rolle herum auf und drückt sie fest an.

Schritt 3   Gebt etwas Farbe in ein großes flaches Gefäß, beispielsweise den Deckel einer leeren Eisbox oder eines Schuhkartons. Rollt mit eurem Stempelroller durch die Farbe, sodass alle Sterne gut eingefärbt sind.

Schritt 4   Jetzt könnt ihr mit dem Roller die Sterne an die Wand oder auf ein Papier stempeln. Tankt nach jeder Umdrehung neue Farbe auf, damit die Farbe gleichmäßig wird.

Tipp

Als Motive eignen sich Autos, Blumen, Punkte, Herzen, Schneemänner, Osterhasen, Sterne, Seifenblasen, Flugzeuge, Smileys, Zahlen und Buchstaben, Fische, Elefanten und vieles mehr. Und da eine Fusselrolle viele Klebeblätter hat, könnt ihr natürlich nacheinander mehrere Motive ausprobieren.

STYROPORSTEMPEL

Weiße Bilder auf buntem Hintergrund

Ihr braucht

- Styroporverpackungen
  (von Hackfleisch, Obst, o. Ä.)
- Kugelschreiber
- Wasserfarben und Pinsel
- Papier

Und so funktioniert's

Mit Styroporstempeln könnt ihr blitzschnell ein ganzes Bild stempeln. Anders als bei anderen Stempeln bleibt das Motiv dabei weiß, und die umgebende Fläche wird bunt eingefärbt.

Schritt 1 Auf die glatte Rückseite einer alten Styroporverpackung zeichnet ihr mit Kugelschreiber das gewünschte Motiv. Für den Anfang wählt ihr am besten ein einfaches Motiv mit klaren Linien, vielleicht einen Stern, ein Haus oder eine Blume.

Schritt 2 Wichtig ist, dass ihr beim Zeichnen stark auf den Kugelschreiber drückt, sodass die Mine eine Rille ins Styropor ritzt. Die Kugelschreibermine kann natürlich auch leer sein.

Schritt 3   Pinselt die ganze Styroporfläche mit Farbe ein. Achtet darauf, dass sich nicht zu viel Farbe in der Rille festsetzt.

Schritt 4   Nun stempelt ihr mit der Verpackung auf ein leeres Blatt Papier. Weiß auf bunt erscheint euer vorgezeichnetes Bild!

Tipp
Wenn beim ersten Stempeln das Motiv nicht deutlich sichtbar wird, fahrt die Zeichnung noch einmal mit Kugelschreiber nach, um die Rillen zu vertiefen.

STRASSENKUNST
Fotomotive aus Kindern und Kreide

Ihr braucht
- Straßenkreide
- Fotoapparat/Smartphone

Und so funktioniert's

Mit Straßenkreide könnt ihr tolle Fotomotive gestalten. Die Hauptpersonen auf den Bildern seid ihr selbst, eure Kreidezeichnungen bilden den Hintergrund.

Schritt 1 Beginnt mit einem einfachen Motiv. Malt mit bunter Straßenkreide eine Traube Luftballons auf den Boden. Die Ballons sollen eine realistische Größe haben. An jeden Luftballon malt ihr eine Schnur. Die Schnüre führt ihr an einer Stelle zusammen, so als wären sie dort zusammengebunden. Darunter hängen die Schnurenden lose auseinander.

Schritt 2   Nun legt ihr euch auf die Seite auf den Boden, streckt eine Hand aus und legt sie genau über die Stelle, wo die Luftballonschnüre zusammengebunden sind. Dann winkelt ihr eure Beine nach hinten ab, die Haare (falls sie lang sind) drapiert ihr ebenfalls nach hinten so auf dem Boden, dass es aussieht, als würden sie im Wind wehen. Jetzt schaut ihr noch Richtung Luftballons. Klick – schon ist euer erstes Kunstwerk fertig!

Schritt 3   Ebenso einfach sind Motive, in denen ihr nur etwas in der Hand haltet, vielleicht einen Blumenstrauß oder eine Angel mit einem großen Fisch. Auch Seifenblasen sind ein schönes und leicht zu zeichnendes Motiv.

Schritt 4   Natürlich könnt ihr aber auch ganze Landschaften malen. Wie wäre es mit einer Unterwasserwelt? Zieht euch Taucherbrille und Flossen an, und macht ein tolles Foto, auf dem ihr mit Fischen durch Wasserpflanzen und Korallen schwimmt! Oder einen Dschungel? Wenn ihr die Kreide ein bisschen anfeuchtet, könnt ihr damit auch eure Gesichter mit Kriegsbemalung verzieren. Und dann ab durch die Lianen schwingen! Ihr könnt auch Schnee und Eisberge zeichnen und sie, ausgerüstet mit Mütze, Schal und Handschuhen, besteigen. Vielleicht versucht ihr euch sogar an einer Mondlandschaft?

Schritt 5   Natürlich könnt ihr auch Fotos mit mehreren Personen darauf machen, probiert einfach aus, worauf ihr Lust habt. Es macht Riesenspaß, und zum Glück kann man unendlich viele (digitale) Fotos machen.

Tipp

Eine bessere Perspektive zum Fotografieren bekommt ihr, wenn der Fotograf etwas erhöht steht, zum Beispiel auf einem Stuhl. Die Fotos eignen sich gut als Gastgeschenk für Kindergeburtstage oder als Motive im Fotokalender für die Großeltern.

EISPUZZLE

Einfache Legepuzzles aus Eisstäbchen

Ihr braucht

- pro Puzzle 15 bis 20 Eisstäbchen oder acht bis zehn Holzspatel
- Fingerfarben und Pinsel oder dicke Filzstifte
- Kreppklebeband oder Klebefilm

Und so funktioniert's

Ein Legepuzzle ist schnell gebastelt, und ihr könnt es beliebig oft puzzeln.

Schritt 1   Legt eure Holzstäbchen so nebeneinander, dass sie zusam-men eine Fläche ergeben. Je mehr Holzstäbchen ihr verwendet, umso schwieriger wird später euer Puzzle. Fixiert die Stäbchen mit zwei langen Streifen Klebefilm oder Kreppklebeband, damit sie beim Malen nicht verrutschen. Dann dreht ihr das Ganze um, sodass die Klebestreifen unten sind.

Schritt 2   Malt ein einfaches Bild, beispielsweise ein Haus, ein Tier oder einen Baum. Achtet darauf, dass ihr alle Stäbchen ins Bild einbezieht.

Schritt 3   Jetzt müsst ihr die Stäbchen trocknen lassen. Anschließend könnt ihr das Klebeband ablösen, die Holzstäbchen wild durcheinandermischen und lospuzzeln!

Schritt 4   Zu einfach? Dann stellt zwei verschiedene Puzzles her, mischt die Teile beider Puzzles durcheinander, und versucht es noch einmal. Noch schwieriger wird es, wenn ihr für beide Puzzles dieselben Farben verwendet!

Tipp

Wenn ihr nicht so viel Eis essen wollt, könnt ihr die Holzspatel auch günstig im Internet bestellen. Sie sind etwas breiter als Eisstäbchen und damit zum Basteln sogar noch besser geeignet. Noch einfacher geht es mit einem Karton, den ihr in Streifen schneidet. Allerdings lässt es sich mit den Holzstäbchen etwas besser puzzlen als mit Karton.

FEUER SPEIENDE DRACHEN

Lasst eure Klorollen-Monster Feuer spucken

Ihr braucht

- leere Klopapierrollen
- Seidenpapier oder Krepppapier in Rot, Gelb und Orange
- buntes Papier und/oder bunte Farben zum Anmalen
- Schere und Klebstoff
- Aufklebe-Augen und Plüsch-Pompons (es geht aber auch ohne)

Und so funktioniert's

Zurück in die Urzeit! Mit euren selbst gebastelten Feuer speienden Drachen macht Dinosaurierspielen gleich doppelt so viel Spaß!

Schritt 1 Zunächst beklebt oder bemalt ihr eine Klopapierrolle in der Farbe, die euer Drache später haben soll.

Schritt 2 Anschließend klebt ihr dem Drachen Augen auf. Das könnt ihr entweder mithilfe von zwei Plüsch-Pompons machen, die ihr nebeneinander an einem Ende auf die Rolle aufklebt. Auf jedes Pompon klebt ihr dann noch ein Auge. Oder ihr bastelt die Augen einfach selbst. Dazu schneidet ihr vier längliche Rechtecke aus einem Bogen festem Papier aus (1,5 x 4 cm). Auf einer kurzen Seite rundet ihr die Rechtecke zu einem Halbkreis ab. An der anderen kurzen Seite faltet ihr die Rechtecke jeweils 1 cm um. Klebt zwei Rechtecke so aufeinander, dass die Rundungen aufeinander liegen und die beiden weggefalteten Enden nach außen zeigen. Anschließend malt ihr auf eine Seite noch eine große schwarze Pupille auf und klebt die fertigen Augen dann mithilfe des weggefalteten Papiers auf die Rolle auf.

Schritt 3   Auf die gleiche Weise könnt ihr eurem Drachen auf der anderen Seite der Klorolle noch Nüstern aufkleben. Alternativ geht das natürlich auch mit zwei kleineren Plüsch-Pompons.

Schritt 4   Zum Schluss kommen die Flammen. Schneidet aus dem Seiden- oder Krepppapier viele lange, spitze Dreiecke. Sie sollten an der kurzen Seite 2 cm breit sein und an den beiden langen Seiten 10 bis 15 cm messen. Nun klebt ihr sie von vorne (das ist bei den Nüstern) mit der kurzen Seite ringsum in der Klorolle fest. Dabei werden die ersten 2 cm festgeklebt, die langen Spitzen zeigen nach außen. Die Dreiecke dürfen sich ruhig überlappen.
Wenn alles getrocknet ist, könnt ihr euren Drachen Feuer spucken lassen. Dazu blast ihr einfach von hinten in die Rolle und lasst die Flammen tanzen!

Tipp
Natürlich könnt ihr eure Drachen noch individuell gestalten. Vielleicht hat einer ein Horn? Drei Augen? Flügel? Stacheln?

FILZKÖRBCHEN

Kleine Körbe einfach selber „nähen"

Ihr braucht

- pro Körbchen eine große Platte Bastelfilz
- Schere
- Locher oder Lochzange
- Lineal und Stift
- Nadel mit großem Nadelöhr
- stabile Wolle oder Schnur

Und so funktioniert's

Ganz ohne Vorkenntnisse oder Nähmaschine könnt ihr aus Filz hübsche Körbe basteln. Kleine Körbchen könnt ihr zum Anrichten für Süßigkeiten oder Nüsse benutzen, größere Körbe für Obst oder Spielsachen.

Schritt 1   Schneidet aus einer Filzplatte einen Kreis aus. Er soll doppelt so groß sein wie der Korb, den ihr basteln möchtet. Für kleinere Körbchen benutzt ihr als Schablone einen großen Teller oder Deckel. Soll der Korb größer werden, zeichnet ihr den Kreis mit einem improvisierten Zirkel auf. Dazu befestigt ihr ein Stück Schnur an einem Stift oder einem Stück Kreide.

Drückt das Ende der Schnur fest auf die Mitte des Filzbogens und zeichnet bei gespannter Schnur einen Kreis außen herum.

Schritt 2   Wenn ihr euren Kreis ausgeschnitten habt, müsst ihr ihn rundherum insgesamt 16-mal einschneiden. Die Einschnitte sollen jeweils ein Viertel des Kreisdurchmessers tief sein. Bei einem Kreis von 40 cm Breite müsst ihr also immer 10 cm weit einschneiden. Am besten zeichnet ihr euch die 16 Schnittlinien vorher mit einem Lineal an. Die Abstände bestimmt ihr ganz einfach, indem ihr den Kreis in der Mitte zusammenfaltet und die Faltkanten markiert. Dann faltet ihr den Halbkreis wieder zusammen und markiert erneut die Faltkanten. Nach viermal Falten solltet ihr so insgesamt 16 Markierungen haben.

Schritt 3   Jetzt stanzt ihr mit dem Locher in jeden der 16 Kreisabschnitte links und rechts je ein Loch. Ist der Filz für den Locher zu dick, braucht ihr eine Lochzange. Die Löcher sollten vom Kreisrand alle gleich weit entfernt sein.

Schritt 4   Es ist fast geschafft! Ihr müsst lediglich noch ein langes Stück Schnur auf eure Nadel fädeln und das Körbchen zusammennähen. Macht zunächst einen Knoten oder eine Schlaufe ins Schnurende.

Schritt 5   Dann beginnt ihr mit einem beliebigen Kreisabschnitt und fädelt die Schnur zuerst von oben durch das linke Loch und anschließend von unten durch das rechte Loch. Beim nächsten Kreisabschnitt verfahrt ihr genau andersherum, also von unten durch das linke Loch und von oben durch das rechte Loch. Zieht ihr die Schnur fest, überlappen sich die Kreisabschnitte und biegen sich nach oben. So näht ihr einmal rundherum, bis euer Körbchen fertig ist. Jetzt müsst ihr die beiden Schnurenden nur noch mit einer Schleife oder einem Knoten miteinander verbinden.

Tipp

Anstelle einer Schnur könnt ihr auch eine dünne Kordel benutzen und zum Schluss die Enden mit zwei Perlen verzieren. Das ist stabiler und sieht noch hübscher aus.

FOTO-BAUSTEINE

Tolle Fotopuzzles aus Duplosteinen

Ihr braucht
- Fotos
- (alte) Duplo-Steine
- Cutter
- Alleskleber
- Lineal

Und so funktioniert's

Foto-Bausteine sind ein tolles Spielzeug für Groß und Klein. Als ganz junge Duplo-Anfänger baut ihr einfache Puzzles, die ihr zuerst selbst gestaltet und danach puzzlen könnt.

Schon etwas ältere Duplo-Experten schaffen mit denselben Mitteln tolle Mehrfach-Puzzles für anspruchsvolleren Puzzle-Spaß.

Schritt 1 Sucht ein Foto mit eurem Lieblingsmotiv aus, und druckt es auf Fotopapier aus, oder lasst es im Drogeriemarkt im gewünschten Format ausdrucken.

Schritt 2 Baut aus Duplo-Steinen eine Mauer, die genauso groß ist wie euer Bild. Sollte die Bildgröße nicht exakt passen, baut die Mauer einfach etwas höher und breiter, als das Bild ist, dann bekommt das Foto später einen bunten Rahmen.

Schritt 2   Nun klebt ihr das Foto mittig auf eure Duplo-Mauer. Achtet darauf, dass ihr das komplette Foto gut mit Klebstoff einstreicht, sodass es gut an allen Bausteinen haftet.

Schritt 3   Lasst den Klebstoff vollständig trocknen. Danach fahrt ihr mit dem Cutter vorsichtig die Kanten aller Duplo-Steine nach und schneidet so das Foto auseinander. Bei kleineren Kindern sollte hier ein Erwachsener helfen. Damit euch gerade Schnitte gelingen, könnt ihr ein Lineal zu Hilfe nehmen.

Schritt 4   Das einfachste Baustein-Puzzle besteht aus vier übereinandergestapelten Doppelsteinen. Für größere Formate kann eure Mauer natürlich beliebig breiter und höher werden. Ihr könnt auch auf beide Seiten der Mauer je ein Foto kleben, dann entsteht ein Wende-Puzzle.

Schritt 5   Für noch mehr Puzzlespaß könnt ihr einen Puzzle-Turm basteln. Dazu baut ihr einen quadratischen Turm (zwei Doppelsteine längs, zwei Doppelsteine quer immer im Wechsel übereinander) und klebt auf alle vier Seiten Fotos auf.

Tipp

Die Foto-Bausteine eignen sich super als Geschenk für Oma und Opa!

FROSCH FÄNGT FLIEGE

Fangspiel aus Klopapierrollen

Ihr braucht

- leere Klopapierrollen
- grüne Farbe und Pinsel
- grünes und weißes Tonpapier
- schwarzer Stift
- dicke Nadel und Schnur
- Schere und Klebstoff

Und so funktioniert's

Habt ihr schon mal gesehen, wie ein Frosch eine Fliege fängt? Ganz schön geschickt ist er dabei. Meint ihr, ihr könnt das auch?

Schritt 1 Malt eure Klopapierrolle grün an und lasst sie gründlich trocknen. Wenn ihr möchtet, könnt ihr mit einem etwas helleren Grün- oder Braunton noch Flecken daraufmalen.

Schritt 2 Schneidet einen halben Meter Schnur ab, und macht in ein Ende einen dicken Knoten. Drückt die Klopapierrolle an einem Ende platt, und näht sie mit ein paar Stichen zusammen. Zum Schluss stecht ihr mit der Nadel einmal so durch die Naht, dass das Schnurende ohne Knoten im Inneren der Klorolle herauskommt.

Schritt 3   Schneidet aus grünem Tonkarton vier Froschbeine aus, und klebt sie vorn und hinten unter der Klopapierrolle fest. Aus dem weißen Tonkarton schneidet ihr zwei Kreise für die Augen aus. In die Mitte malt ihr je eine schwarze Pupille und klebt die Kreise von oben auf die Klorolle.

Schritt 4   Der Frosch ist jetzt schon fertig, es fehlt nur noch die Fliege. Dafür schneidet ihr aus dem weißen Tonkarton zwei 3 cm breite Herzen aus. Anstatt einer Spitze sollen die Herzen unten einen dicken halbkreisförmigen Knubbel haben. Die Bögen des Herzens bilden die Flügel der Fliege, der Knubbel den Kopf.

Schritt 5   Malt den Knubbel schwarz an. Zwischen die Flügel malt ihr nur einen dünnen schwarzen Strich. Wenn ihr möchtet, könnt ihr die Flügel noch mit dünnen Linien verzieren.

Schritt 6   Habt ihr beide Fliegenteile so angemalt, legt das lange Ende der Schnur dazwischen und klebt die Fliegenteile aufeinander. Die bemalten Seiten sind außen.

Schritt 7   Alles gut trocknen lassen, und dann kann das Fliegenfangen losgehen. Nehmt den Frosch in eine Hand, und versucht, die Fliege an der Schnur ins offene Froschmaul fliegen zu lassen!

Tipp

Wenn es mit dem Fangen nicht gut klappt, weil eure Fliege zu leicht ist, klebt zum Beschweren ein Centstück zwischen die beiden Papierteile der Fliege.

GESICHTERKINO

Bastelt ein Daumenkino aus einem Ringbuch

Ihr braucht

- dünnes Ringbuch/Collegeblock
- Schere und Lineal
- Stifte
- beliebiges weiteres Bastelmaterial (Büroklammern, Knöpfe, …)

Und so funktioniert's

Mit dem Gesichterkino könnt ihr immer wieder neue, lustige Gesichter kombinieren. Vielleicht denkt ihr euch zu den einzelnen Gesichtern auch Namen oder kurze Geschichten aus?

Schritt 1 Zuerst braucht ihr ein (altes) Ringbuch oder einen einfachen Collegeblock. Es muss kein unbenutztes Ringbuch sein, zehn freie Seiten sind ausreichend. Das Format ist egal.

Schritt 2 Messt die Höhe einer Seite aus, und teilt sie durch drei. Nach einem Drittel und zwei Dritteln der ersten Seite (nicht des Deckblattes!) zeichnet ihr mit dem Lineal jeweils einen horizontalen Strich über die komplette Breite der Seite.

Schritt 3   Anhand dieser Striche schneidet ihr nun alle Blätter (außer das Deckblatt und den unteren Karton) ganz durch. Jetzt habt ihr lauter dreigeteilte Seiten, deren Teile sich jeweils einzeln blättern lassen.

Schritt 4   Nun geht es ans Gesichter malen. Auf alle oberen Drittel der Seiten zeichnet ihr ein Paar Augen. Natürlich müssen es lauter verschiedene Augenpaare sein. Braune, blaue, mit Brille, geschlossene Augen, Katzenaugen …
Ihr könnt auch Augen aus buntem Papier ausschneiden oder flache Knöpfe und Büroklammern als Augen aufkleben. Beim Kleben solltet ihr unbedingt darauf achten, dass die aufgeklebten Teile nicht zu dick sind und ihr den Klebstoff gut antrocknen lasst, bevor ihr umblättert, damit die Seiten nicht zusammenkleben.

Schritt 5   Nun ist das mittlere Drittel dran. Hier kommt zu jedem Augenpaar eine passende Nase dazu. Große Nasen, kleine Nasen, vielleicht eine Schweinenase oder eine mit Warze?

Schritt 6   Auf das untere Drittel – ihr habt es euch bestimmt schon gedacht – kommen die passenden Münder. Vielleicht auch ein Schnabel? Ein zahnloses Monster? Ein Rauschebart aus Watte?

Schritt 7   Wenn ihr alle drei Seitenteile gestaltet habt, ist euer Gesichterkino fertig. Blättert die einzelnen Drittel wild durcheinander, und stellt lustige Gesichter zusammen!

Tipp

Könnt ihr schon schreiben, bastelt auch mal ein Daumenkino mit Wörtern. Dazu schreibt ihr auf das obere Seitendrittel eine Person oder ein Tier (der Hund, die Lehrerin, Papa). Auf das mittlere Seitendrittel schreibt ihr ein passendes Tätigkeitswort/Verb (bellt, schreibt, kocht). Auf das letzte Seitendrittel kommt ein beschreibender Begriff/Adverb (laut, schön, lecker). Blättert ihr jetzt die Seitenteile wild durcheinander, entstehen lustige Kombinationen wie „Der Hund schreibt lecker" oder „Papa bellt schön".

KETTEN & GIRLANDEN
XL-Perlen basteln und auffädeln

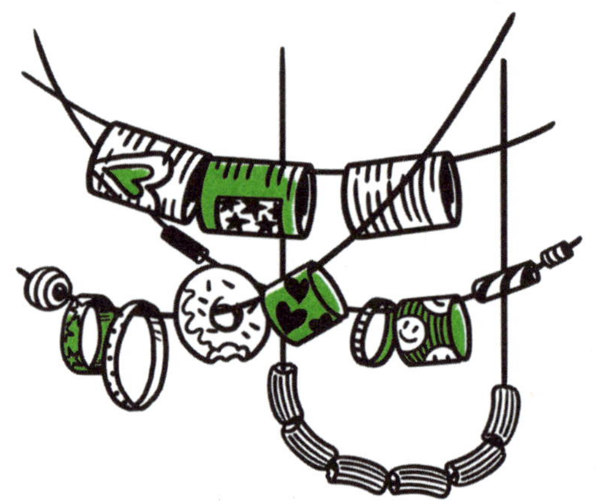

Ihr braucht

- leere Klopapierrollen oder Küchen-papierrollen, Rigatoni, alte Pool-nudel, alter Gartenschlauch oder anderes röhrenförmiges Bastel-material
- Schere und Schnur
- Farbe und Pinsel oder buntes (Alt-) Papier und Klebstoff

Und so funktioniert's

Eine Girlande für den Kindergeburts-tag? Eine Halskette für den Teddy-bären? Heute wird aufgefädelt, was ihr zu Hause finden könnt!

Schritt 1   Bevor es ans Auffädeln geht, müsst ihr erst einmal eure „Perlen" herstellen. Das geht, je nach Material, ganz einfach. Für Hals-ketten und Armbändchen könnt ihr zum Beispiel Rigatoni nehmen.

Schritt 2   Soll es etwas Größeres sein, schneidet ihr leere Klopapier oder Küchenpapierrollen ein- oder zweimal durch und erhaltet so „Riesenperlen". Diese könnt ihr natürlich noch beliebig verzieren. Entweder mit Farbe und Pinsel oder mit Klebstoff und buntem Papier. Auch mit Tapetenkleister und Schnipseln aus Werbeprospekten lassen sich tolle bunte Perlen gestalten.

Schritt 3   Nun wählt ihr je nach Größe eurer Perlen und der gewünschten Länge eurer Kette oder Girlande ein passendes Stück Schnur aus und fädelt die Perlen auf. Rechnet noch etwas Schnurlänge zum Aufhängen bzw. Verschließen dazu. Die erste und letzte Perle knotet ihr fest, damit sie nicht wieder von der Schnur herunterrutschen können.

Schritt 4   Für eine Girlande knotet ihr in beide Enden der Schnur eine große Schlaufe zum Aufhängen. Für eine Halskette legt ihr mit einem Schnurende einen einfachen Knoten um das andere Schnurende. Dasselbe macht ihr andersherum eben-

falls. Wenn ihr die beiden Knoten nun verschiebt, könnt ihr die Kette größer und kleiner einstellen, sodass ihr sie gut über den Kopf ziehen könnt.

Schritt 5   Natürlich könnt ihr Ketten und Girlanden auf diese Weise auch aus anderen Materialien herstellen, eigentlich aus allem, was in der Mitte ein Loch hat, beispielsweise einem alten Gartenschlauch oder einer ausgedienten Poolnudel.

Tipp

Eine klappernde Girlande könnt ihr aus alten Konservendosen basteln, wenn ihr mit dem Dosenöffner den Boden heraustrennt. Achtet aber gut darauf, euch an den scharfen Kanten der Dose nicht zu schneiden.
Habt ihr kein röhrenförmiges Bastelmaterial zur Hand, klebt ihr einfach aus bunten Papierstreifen Ringe zusammen und fädelt diese auf.

KONFETTISCHALEN

Bunte Schüsseln aus Konfetti & mehr

Ihr braucht

- Luftballons
- Tapetenkleister, Serviettenkleber oder Mod Podge
- Vaseline
- Material nach Wunsch: Konfetti, Schnur, Blätter, Papierschnipsel, Stoffreste ...
- kleiner Eimer
- alte Plastiktüte
- dicker Maler- oder Schaumstoffpinsel

Und so funktioniert's

Selbst gebastelte Konfettischalen sind ein bunter Hingucker, aber auch mit anderen Materialen erzielt ihr tolle Ergebnisse.

Schritt 1 Stülpt die Plastitktüte einfach über den Eimer, um ihn vor dem Kleister zu schützen. Anschließend blast ihr euren Luftballon mindestens so groß auf, dass er nicht mehr in den Eimer passt, und knotet ihn fest zu.

Schritt 2   Damit ihr den Ballon beim Basteln nicht festhalten müsst, stellt ihr ihn mit dem zugeknoteten Ende nach unten in den Eimer. Wenn euer Ballon trotzdem wegfliegt (beispielsweise weil ihr draußen bastelt), könnt ihr mit einem Haushaltsgummi ein kleines Gewicht an das zugeknotete Ballonende binden.

Schritt 3   Reibt die Oberseite des Ballons gut mit Vaseline ein. Anschließend streicht ihr dick mit Kleister darüber. Das geht am besten mit einem breiten Pinsel oder mit den Händen.

Schritt 4   Auf den Kleister klebt ihr jetzt nach Belieben eure Materialien auf. Toll kunterbunt sieht eine Konfettischüssel aus. Dazu braucht ihr aber ganz schön viel Konfetti! Das könnt ihr mit einem Locher selbst herstellen.

Schritt 5   Über die erste Schicht Konfetti (oder anderes Material) streicht ihr erneut Kleister und tragt eine zweite Schicht auf. Je mehr Schichten ihr auftragt, desto stabiler wird eure Schüssel. Ihr könnt zwischendurch auch eine Pause machen, den Kleister etwas antrocknen lassen und später weitere Schichten auftragen.

Schritt 6   Ganz zum Schluss müsst ihr noch einmal mit dem Kleisterpinsel darüberstreichen, um überschüssigen Kleister gut zu verteilen. Achtet darauf, dass keine Löcher entstehen und keine Papierränder abstehen.

Schritt 7   Jetzt muss euer Kunstwerk erst einmal gut durchtrocknen. Wenn der Kleister vollständig trocken und ausgehärtet ist, nehmt ihr den Ballon aus dem Eimer und stecht ihn auf. Löst die Ballonreste oben und innen aus eurer Schüssel ab. Wenn ihr möchtet, könnt ihr den Schüsselrand jetzt noch gerade schneiden. Vielleicht gefällt euch aber auch ein geriffelter Konfettirand besser?

Tipp

Um die Schüsseln etwas feuchtigkeitsresistenter zu machen, könnt ihr sie nach dem Trocknen mit Klarlack einstreichen oder einsprühen.

KORKENSCHIFFCHEN

Bastelt Boote für Bach und Badewanne

Ihr braucht

- Weinkorken
- stabile, breite Haushaltsgummis oder Einmachgummis
- Zahnstocher
- Papier- oder Stoffrest
- scharfes Messer

Und so funktioniert's

Wandern ist immer dann am schönsten, wenn es an einem Bach oder See entlanggeht. Denn dort kann man Schiffchen schwimmen lassen!

Eine ganz einfache Variante, die auch schnell beim Picknick gebastelt werden kann, sind diese kleinen Korkenschiffchen.

Schritt 1   Legt drei Korken nebeneinander und umwickelt sie links und rechts mit je einem Haushaltsgummi, sodass eine kleine Fläche entsteht. Sollten sich die Korken dabei übereinanderschieben, könnt ihr den mittleren Korken links und rechts, die äußeren Korken an jeweils einer Seite mit einem scharfen (Taschen-)

Messer etwas abflachen. Alternativ könnt ihr die Korken auch mit etwas Klebstoff oder kleinen Zahnstocherstückchen fixieren.

Schritt 2 Jetzt nehmt ihr einen ganzen Zahnstocher und stecht ihn zweimal durch ein Stück Stoff oder ein Stück Papier. Das wird das Segel eures kleines Schiffchens. Steckt das Segel möglichst genau mittig in den mittleren Korken, damit das Schiffchen keine Schlagseite bekommt. Fertig ist die Jolle!

Tipp

Wenn ihr nicht wandern gehen möchtet, kann das Korkenschiffchen natürlich auch in der Badewanne oder im Planschbecken schwimmen.

LUFTBALLON-MOTORBOOT

Euer Schwammboot mit Luftballonantrieb

Ihr braucht

- dicke Spülschwämme/Topfreiniger
- kurzes Stück alter Gartenschlauch (5 cm)
- Luftballons
- Schere und Cutter
- Haushaltsgummis

Und so funktioniert's

Schwammboote können in der Badewanne, im Planschbecken oder in einem kleinen See schwimmen. Gebastelt werden sie ganz einfach:

Schritt 1   Wenn ihr mit einem Topfreiniger bastelt, schneidet ihn in der Mitte einmal so durch, dass ihr einen Teil ohne kratzige Seite habt. Daraus bastelt ihr euer Boot. Den Rest könnt ihr zum Spülen benutzen.

Schritt 2   Um euren Schwamm in die Form eines Bootes zu bringen, schneidet ihr an einer der kurzen Seiten beide Ecken ab, sodass eine rechtwinklige Spitze entsteht. Das ist der Bug (die Vorderseite) eures Schwammbootes.

Schritt 3   Messt ungefähr die Mitte eures Bootes aus und schneidet dort mit dem Cutter einen kleinen Schlitz in den Schwamm.

Schritt 4   Blast euren Antriebsluftballon einmal weit auf, und lasst die Luft wieder heraus. So fällt euch später das Aufblasen leichter. Danach steckt ihr das offene Ende eures Ballons durch den Schlitz im Schwamm.

Schritt 5   Stülpt die Öffnung des Ballons über ein Ende des Gartenschlauchstücks. Spannt ein Haushaltsgummi um Schwamm und Schlauchstück, sodass das Schlauchstück zum Heck (Hinterseite) eures Bootes zeigt.

Schritt 6   Jetzt kann es losgehen. Blast euren Luftballon auf, indem ihr kräftig in das Schlauchstück pustet. Ist der Luftballon prall gefüllt, haltet ihr das Schlauchstück zu und setzt euer Boot mit dem Schlauchstück nach unten ins Wasser. Wenn ihr das Boot jetzt loslasst, fährt es luftgetrieben davon.

Tipp
Sollte euch der Ballon beim Aufpusten vom Schlauchstück rutschen, fixiert ihn zusätzlich mit einem Haushaltsgummi.

LUFTBALLON-UFOS

Aus CDs werden schwebende Untertassen

Ihr braucht

- alte CDs
- Luftballons
- (buntes) Papier
- bunte Stifte
- Klebstoff
- Verschlüsse von Trink- oder Spül-
  mittelflaschen, die sich durch Hoch-
  ziehen öffnen und durch Herunter-
  drücken verschließen lassen
- Heißklebepistole oder Sekundenkleber

Und so funktioniert's

Habt ihr schon mal ein UFO gesehen? Nein? Dann wird es höchste
Zeit! Die Luftballon-UFOs könnt
ihr ganz einfach selbst basteln und
fliegen lassen.

Schritt 1 Zuerst beklebt ihr die
Oberseite der CDs mit (buntem)
Papier. Das Loch in der Mitte muss
dabei frei bleiben. Anschließend
könnt ihr sie, wenn ihr möchtet, noch
anmalen oder anderweitig verzieren.

Schritt 2 Schließt einen Flaschenverschluss und klebt ihn mit Sekundenkleber oder der Heißklebepistole auf der bunt gestalteten Seite in der Mitte der CD direkt über das Loch. Drückt den Verschluss so lange fest, bis der Klebstoff getrocknet ist.

Schritt 3 Blast euren Luftballon so weit wie möglich auf und stülpt ihn über den Flaschenverschluss. Jetzt ist euer UFO bereit für seinen ersten Flugversuch.

Schritt 4 Stellt das UFO auf eine glatte Fläche (Tisch, Fußboden), und öffnet vorsichtig den Flaschenverschluss. Achtet darauf, dass sich der Luftballon dabei nicht vom Verschluss löst. Euer UFO hebt ab und schwebt langsam davon ...

Tipp
Mit Konfetti oder Glitzer könnt ihr eure UFOs außerirdisch bunt verzieren.

RAKETEN-RUCKSACK
Bastelt eure Superhelden-Ausrüstung

Ihr braucht
- zwei gleich große Plastikflaschen
- wasserfeste silberne Farbe
- Schere und stabile Schnur
- dicke, spitze Nadel
- vier große und sechs kleine Perlen
- orangefarbener Bastelfilz
- stabiles Klebeband und Tacker
- 1 m Gummilitze/Hosengummi

Und so funktioniert's
Ein Raketen-Rucksack oder Jetpack ist die perfekte Ausrüstung, um As-tronaut oder Superheld zu spielen. Einfach anziehen, zünden und davon-brausen! Aber zuerst muss natürlich gebastelt werden.

Schritt 1   Stellt die beiden Flaschen nebeneinander, und klebt sie oben und unten je einmal rundherum mit Klebeband zusammen.

Schritt 2   Schneidet die Gummilitze in zwei gleich lange Stücke und tackert jedes Stück zu einem Ring zusammen. Das werden später die Träger eures

Rucksacks, die Länge solltet ihr also anpassen. Dann klebt ihr die Träger mit Klebeband am unteren Drittel der Flaschen rechts und links fest.

Schritt 3 Malt die Flaschen ringsherum mit silberner Farbe an. Während die Farbe trocknet, schneidet ihr aus dem Bastelfilz zwei Zündflammen aus. Die Zündflammen sehen aus wie lang gezogene Wassertropfen.

Schritt 4 Schneidet 1 m Schnur ab. Knotet an einem Ende eine große Perle fest. Das andere Ende fädelt ihr durch die Nadel. Dann fädelt ihr mit der Nadel eine kleine Perle auf die Schnur und knotet sie 20 cm nach der großen Perle fest.

Schritt 5 Stellt die Flaschen auf den Kopf und stecht mit der Nadel von oben ein kleines Loch in einen der Flaschenböden. Das geht am besten am äußeren Rand der Flasche. Vergrößert das Loch ein wenig mit Schere oder Nadel und steckt dann die Nadel mit der Schnur durch das Loch. Lasst sie herunter, bis sie zum Flaschenhals wieder heraus kommt.

Schritt 6 Zieht so lange an der Schnur, bis die kleine Perle oben am Flaschenboden anstößt. Dann fädelt ihr eine weitere kleine Perle auf die Schnur und knotet sie dort fest, wo die Schnur aus dem Flaschenhals heraushängt. Mit der Nadel stecht ihr nun ins dicke Ende einer der Filzflammen und zieht die Schnur bis zur Perle durch. Fädelt eine weitere kleine Perle auf und knotet sie fest, sodass die Flamme fixiert wird. Dann näht ihr mit ein paar einfachen Stichen einmal der Länge nach durch die Flamme.

Schritt 7 Zuletzt knotet ihr am Ende der Schnur eine große Perle fest. Genau dasselbe macht ihr anschließend mit einem zweiten Stück Schnur und der zweiten Flasche.

Schritt 8 Setzt euren Raketenrucksack auf. Er zündet, wenn ihr an den beiden unteren Perlen zieht, und ihr könnt davonbrausen! Um zu bremsen, also die Flammen zu löschen, zieht ihr an den beiden oberen Perlen.

Tipp

Die oberen Perlen könnt ihr über eure Schultern nach vorne hängen lassen. Dann kommt ihr besser dran, um euren Jetpack zu zünden.

REGENBOGENSCHLANGE

Baut eure eigene Seifenblasenmaschine

Ihr braucht

- kleine Plastikflasche
- alte Socke
- Spülmittel
- Wasserfarben und Pinsel
- Haushaltsgummi

Und so funktioniert's

Jeder kennt sie: rätselhaft vereinzelte Socken. Wo die zweiten sind? Die hat die Waschmaschine gefressen oder der Staubsauger oder das Sockenmonster … Mit dieser Bastelidee finden die einzelnen Socken endlich wieder eine Verwendung.

Schritt 1   Schneidet von einer kleinen Plastikflasche den Boden ab. Stülpt die Socke von unten über die Flasche, sodass sie den soeben herausgeschnittenen Flaschenboden wieder verschließt. Eine sehr lange Socke könnt ihr oben einfach umstülpen oder abschneiden. Dann fixiert ihr die Socke zusätzlich mit einem Haushaltsgummi auf der Flasche.

Schritt 2   Taucht die Flasche in eine Wasserschüssel, oder haltet sie unter den Wasserhahn, bis die Socke ganz durchnässt ist. Dann haltet ihr die Flasche mit dem Deckel nach unten und gebt oben auf die Socke einen großen Tropfen Spülmittel.

Schritt 3   Mit einem Pinsel tragt ihr oben auf die Socke anschließend großzügig Wasserfarbe auf. Um einen Regenbogeneffekt zu erzielen, müsst ihr zwei oder drei Farben nebeneinander auftragen.

Schritt 4   Jetzt schraubt ihr die Flasche auf, setzt sie an den Mund und pustet kräftig hinein. Und schon wächst aus dem Flaschenboden eure Seifenblasenschlange! (Sollten keine Seifenblasen entstehen, müsst ihr mehr Wasser und oder mehr Spülmittel auf die Socke geben.)

Tipp

Kleineren Kindern sollte deutlich erklärt werden, dass sie nur pusten und nicht an der Flasche saugen dürfen, damit sie kein Spülmittel in den Mund bekommen.

Sollte ein Kind doch einmal aus Versehen (viel) Seifenwasser geschluckt haben, sollte es keine weitere Flüssigkeit zu sich nehmen (mehr Flüssigkeit führt zu mehr Schaum im Magen-Darm-Trakt). Es sollte auch kein Erbrechen herbeigeführt werden (da dabei Schaum in die Lunge gelangen könnte). Stattdessen helfen (rezeptfrei erhältliche) Dimeticontabletten oder -tropfen aus der Apotheke, die der Schaumbildung im Magen-Darm-Trakt entgegenwirken. Lassen Sie sich auf jeden Fall von einem Arzt oder Apotheker beraten!

TIGERTATZEN

Bastelt Tierfüße aus Taschentuchboxen

Ihr braucht

- pro Person zwei leere Pappschachteln von Papiertaschentüchern oder Kosmetiktüchern
- weißes und/oder buntes Tonpapier
- dicke Stifte oder Pinsel und Farbe
- Schere und Klebstoff

Und so funktioniert's

Heute gibt es Fasching für die Füße! Aus leeren Taschentuchboxen könnt ihr euch Riesentatzen oder -pfoten von verschiedenen Tieren basteln.

Funktioniert für alle Füße, die nicht länger als eine Taschentuchbox sind.

Schritt 1 Überlegt euch, welche Tierfüße ihr basteln möchtet. Entsprechend gestaltet ihr die Box farblich, indem ihr sie entweder mit weißem Papier beklebt und anschließend anmalt oder sie direkt mit farbigem Papier beklebt. Für Tigertatzen wählt ihr schwarze und gelbe Streifen, Froschfüße werden grün, Bärentatzen braun, Entenfüße orange …

Schritt 2   Während die Farbe oder der Klebstoff trocknen, bereitet ihr eure Krallen, Zehen oder Schwimmhäute vor. Schneidet sie in der passenden Farbe aus Tonpapier aus, und klebt sie am oberen Rand einer der kurzen Schachtelseiten fest.

Schritt 3   Sind die Füße noch klein genug, dass sie direkt durch die vorhandene Öffnung der Box passen, seid ihr nun schon fertig. Für größere Füße vergrößert ihr die Öffnung etwas, sodass die Füße gerade so durchpassen. Schon seid ihr bereit für den Marathon der Tiere!

Tipp

Vielleicht habt ihr Lust, einen kleinen Hindernisparcours aufzubauen? Der ist mit Tigertatzen besonders schwer zu bewältigen! Beim Einsatz auf solch erschwertem Gelände verlieren die Tatzen allerdings schnell an Stabilität. Wollt ihr sie länger nutzen, solltet ihr vor dem Bekleben Vorder-, Unter- und Hinterseite mit Karton verstärken.

Wenn ihr möchtet, könnt ihr eure Verkleidung mit selbst gebastelten Tiermasken vervollständigen.

TROLLE & GRÜNE PUNKS

Züchtet nachwachsende Grasfrisuren

Ihr braucht

- Leere Plastikflaschen
- Digital- oder Smartphonekamera
- Kressesamen/Katzengrassamen/ Weizen-, Gerste- oder Haferkörner
- Blumenerde
- Klebefilm
- Schere

Und so funktioniert's

Falls ihr schon immer mal dem Gras beim Wachsen zuschauen, eine ver- rückte Frisur ausprobieren oder Mama die Haare schneiden wolltet – jetzt habt ihr die Gelegenheit dazu!

Schritt 1   Beginnt mit dem lustigsten Teil des Projekts: Ihr braucht Fotos von euren eigenen Gesichtern. Und zwar am besten schräge Fotos. Grimassen schneiden, schminken, Masken tragen, Finger in die Ohren stecken – alles ist erlaubt! Fotografiert eure Gesichter in Nahaufnahme, die Haare könnt ihr dabei „abschneiden".

Schritt 2   Wählt so viele Fotos aus, wie ihr Trolle pflanzen möchtet. Die Bilder könnt ihr selbst ausdrucken, wenn ihr einen Farbdrucker und Fotopapier habt. Andernfalls lasst ihr sie im Drogeriemarkt direkt vom USB-Stick oder Smartphone ausdrucken. Die Gesichter sollten ungefähr 10 cm hoch sein.

Schritt 3   Schneidet von allen Flaschen, die ihr bepflanzen möchtet, den oberen Teil ab, sodass 10 cm hohe „Becher" übrig bleiben. Nun füllt ihr die Plastikbecher mit Blumenerde bis 1 cm unter den Rand. Streut Samen darüber und bedeckt die Samen noch einmal mit Erde, bis die Becher voll sind. Wenn ihr möchtet, könnt ihr für jeden eurer Becher andere Samen wählen oder sie bunt durcheinandermischen. Ent-

sprechend unterschiedliche Frisuren wachsen euren Trollen später. Nun noch etwas gießen.

Schritt 4   Zuletzt wischt ihr die Becher von außen sauber und trocken und klebt mit Klebefilm je ein Foto auf jeden Becher. Eventuell müsst ihr die Bilder an der oberen Kante noch ein wenig abschneiden, sodass sie direkt mit der Stirn an der Oberkante des Bechers enden. Nun braucht ihr einige Tage Geduld, bis die Haare sprießen. Viel Spaß!

Tipp

Sind die Haare lang genug gewachsen, könnt ihr lustige Frisuren hineinschneiden oder ganz vorsichtig mit kleinen Gummis Zöpfchen machen.

ULTRALEICHT-RAKETE
Lasst Raketen mit Haushaltsgummis fliegen

Ihr braucht
- leere Küchenpapierrolle
- Kartonreste
- Klebstoff
- Farbstifte oder buntes (Alt-)Papier
- ein langes und ein kürzeres Haushaltsgummi
- Nadel mit großem Nadelöhr

Und so funktioniert's
Diese Ultraleicht-Rakete könnt ihr überall fliegen lassen, sogar in der Wohnung!

Schritt 1 Wenn ihr möchtet, könnt ihr eure leere Küchenpapierrolle zunächst bunt anmalen oder bekleben.

Schritt 2 Fädelt das längere Haushaltsgummi ins Nadelöhr ein. Stecht mit der Nadel 2 cm von einem Ende entfernt vorsichtig einmal quer durch die Küchenpapierrolle (also durch beide „Wände" der Röhre). Haltet dabei das Gummi auf einer Seite fest, damit es nicht versehentlich mit hindurchrutscht.

Schritt 3   Wenn ihr die Nadel entfernt, sollte das Gummi auf beiden Seiten der Rolle heraushängen. Habt ihr das geschafft, stülpt ihr die heraushängenden Gummischlaufen von beiden Seiten über das Ende der Rolle.

Schritt 4   Schlingt nun das kürzere Haushaltsgummi innerhalb der Küchenpapierrolle einmal um das erste Gummi herum, sodass es halbiert wird. Steckt eine der beiden Schlaufen durch die andere hindurch, und zieht das Gummi fest (so wie man ein Etikett befestigt).

Schritt 5   Aus Kartonresten müsst ihr jetzt noch drei Seitenflügel für eure Rakete ausschneiden. Für jeden Flügel braucht ihr zwei rechtwinklige Dreiecke. Die Seiten neben dem rechten Winkel sollten 5 und 10 cm lang sein. Knickt die Dreiecke an der 10 cm langen Seite 1 cm um. Dann klebt ihr die Dreiecke aufeinander, sodass die umgeknickten Seiten jeweils nach außen abstehen.

Schritt 6   Jetzt werden die Flügel an der Seite der Küchenrolle befestigt,

wo keine Gummis sind. Vom Ende der Rolle aus macht ihr dazu an drei Seiten Einschnitte von 9 cm Länge.

Schritt 7   Bestreicht die abgeknickten Seitenteile von oben mit Klebstoff. Steckt die Flügel von hinten so in die Einschnitte, dass die abgeknickten Seitenteile innerhalb der Rolle sind, und drückt sie von innen fest.

Schritt 8   Sobald der Klebstoff getrocknet ist, ist eure Rakete bereit zum Abflug. Steckt einen Daumen durch das Gummiband, welches vorne heraushängt, zieht die Rakete mit der anderen Hand zu euch heran, um das Gummi zu spannen, und lasst sie dann fliegen!

Tipp

Es braucht meist ein paar Versuche, bis man heraus hat, wie die Rakete am besten fliegt. Wichtig ist, sie nicht zu „werfen", sondern einfach nur loszulassen, sodass sie durch die Kraft des Gummis nach vorn katapultiert wird.

WASSERSCHILDKRÖTEN
Bastelt euer eigenes Badespielzeug

Ihr braucht
- leere Plastikflasche
- Schwammtuch
- Nadel und dickes Garn
- großer Knopf mit vier Löchern
- wasserfester Filzstift/Permanentmarker
- Schere und Cutter

Und so funktioniert's
Diese schwimmenden Wasserschildkröten für die Badewanne oder das Planschbecken könnt ihr leicht selber basteln!

Schritt 1 Zunächst schneidet ihr von einer Plastikflasche in 5 cm Höhe den Boden ab. Das geht am besten mit einem Cutter. Den abgeschnittenen Boden legt ihr mit der Unterseite nach oben auf die Mitte des Schwammtuchs. Er wird später den Schildkrötenpanzer bilden. Obendrauf legt ihr den Knopf.

Schritt 2 Als Nächstes braucht ihr Nadel und Faden, um den Flaschenboden auf dem Schwammtuch festzunähen. Dazu stecht ihr am Rand des Flaschenbodens von unten durch das Schwammtuch und fädelt anschließend den Faden durch eines der Löcher im Knopf. Nun stecht ihr ungefähr 3 cm weiter am Flaschenrand entlang von oben durchs Schwammtuch. Dabei müsst ihr den Knopf gut festhalten, damit er in der Mitte des Schildkrötenpanzers liegen bleibt.

Schritt 3   Stecht ein kleines Stück weiter erneut von unten durchs Schwammtuch, fädelt den Faden durchs nächstliegende Loch im Knopf und stecht 3 cm weiter wieder von oben durchs Schwammtuch.

Schritt 4   Wenn ihr auf diese Weise einmal rund um den Panzer herumgenäht habt, macht ihr am besten noch eine zweite, versetzte Runde. Jetzt soll das Garn dort, wo es bisher unter dem Schwammtuch entlanglief, über den Flaschenboden führen und

andersherum. Zum Schluss vernäht oder verknotet ihr beide Fadenenden miteinander und schneidet sie ab.

Schritt 5   Zeichnet um den Schildkrötenpanzer herum vier Beine und einen Kopf auf das Schwammtuch. Schneidet die Schildkröte aus, und dann ab ins Wasser mit euch!

Tipp

Am besten eignet sich eine Flasche mit „Höckern" am Boden. Die Fäden laufen dann immer zwischen den Höckern durch und können so nicht herunterrutschen. Sollte euer Flaschenboden nach dem Abschneiden sehr scharfe Kanten haben, könnt ihr sie vor dem Annähen mit dickem Klebeband abkleben. So kann sich beim Planschen in der Badewanne niemand daran verletzen.

WIR MACHEN MUSIK!

Instrumente aus Alltagsgegenständen

Ihr braucht

- für die Kronkorkenrassel:
  kurzer Stock (15–30 cm), Draht,
  Kronkorken, Zange, Hammer und
  Nagel, kleine Holzperlen
- für die Stabtrommel:
  stabiler Stock (25–30 cm), Schnur,
  zwei Holzperlen, dicke Nadel, leere
  Käseschachtel, Schere, Klebstoff

Und so funktioniert's

Viele einfache Rhythmusinstrumente, sogenannte Percussions, könnt

ihr selbst basteln. Die meisten Baumaterialien dafür habt ihr sicher zu
Hause, oder ihr könnt sie draußen
sammeln.

Kronkorkenrassel

Zunächst müsst ihr mit Hammer und
Nagel Löcher durch eure Kronkorken
schlagen. Das geht am besten, wenn
ihr sie auf ein Holzbrett legt und mit
dem Hammer den Nagel in der Mitte
durch den Kronkorken schlagt. Mit
einer Zange, zieht ihr den Nagel anschließend wieder heraus.

Fädelt die Kronkorken auf ein Stück Draht auf. Wenn ihr möchtet, könnt ihr dazwischen ein paar Holzperlen auffädeln, das sieht hübsch aus und gibt später einen schönen Klang. Zuletzt müsst ihr den Draht an eurem Stock befestigen. Habt ihr einen Stock mit Astgabel, spannt ihr den Draht einfach zwischen den beiden Astenden und wickelt ihn an beiden Enden fest um das Holz. Habt ihr einen geraden Stock, wickelt ihr den Draht so um beide Enden, dass er einen Bogen bildet und ihr die Rassel am Stock festhalten könnt. Fertig ist euer erstes Rhythmusinstrument!

Stabtrommel

Öffnet die Käseschachtel. Schneidet in den Rand des Bodens zwei sich gegenüberliegende Aussparungen, durch die euer Stock gerade so hindurchpasst. Dasselbe macht ihr mit dem Deckel. Legt euren Stock durch die Aussparungen in den Schachtelboden. Der Stock soll dabei oben ein bis zwei Zentimeter herausschauen. Dann streicht ihr den Rand des Schachtelbodens von außen mit Klebstoff ein und schließt die Schachtel mit dem Deckel. Lasst den Klebstoff trocknen.

Als Nächstes fädelt ihr ein Stück Schnur durch eine Holzperle und knotet die Perle am Schnurende fest. Das andere Schnurende näht ihr eine Viertelumdrehung vom Stock entfernt am Rand der Käseschachtel fest. Das lose Stück Schnur zwischen Schachtelrand und Perle soll etwa bis zur Mitte der Käseschachtel reichen. Dasselbe macht ihr mit der zweiten Perle auf der gegenüberliegenden Seite. Zum Trommeln nehmt ihr nun den Stab in die Hand und dreht ihn, sodass die Perlen von beiden Seiten gegen die Schachtel schlagen.

Tipp

Rutscht euer Stock beim Trommeln aus der Schachtel heraus, könnt ihr ihn zusätzlich festnähen. Dazu stecht ihr mit der Nadel in der Mitte der Käseschachtel links neben dem Stock durch Ober- und Unterteil der Schachtel und zieht die Schnur hindurch. Stecht von der anderen Seite rechts neben dem Stock wieder durch beide Teile und verknotet die Schnurenden.
Weitere Ideen für Musikinstrumente aus Alltagsgegenständen findet ihr auf www.77sachen.de/instrumente.

X-MAS UPCYCLING
Weihnachtsschmuck aus Wegwerfprodukten

Ihr braucht
- für die Kaffeekapsel-Glocken:
  leere Kaffeekapseln, Perlen, Nadel,
  Draht oder Schnur
- für die Büchersterne:
  altes Buch, Schere, Nadel, Faden
- für den Kleiderbügel-Christbaum:
  alter Drahtkleiderbügel aus der Rei-
  nigung, Zange, Stoffreste oder Woll-
  reste
- für die Deckelkerzen:
  Deckel von (Marmeladen-) Gläsern,
  Kerzen, Tetrapack, Schere, Klebstoff

Und so funktioniert's
Möchtet ihr diese Weihnachten lieber einmal Altes verwerten, statt immer nur Neues zu kaufen? Unsere Upcycling-Ideen schonen Umwelt und Geldbeutel und machen richtig Lust auf Weihnachten!

Kaffeekapsel-Glocken
Fädelt die Schnur auf die Nadel, und stecht mit der Nadel von außen nach innen ein Loch in den Boden der Kaffeekapsel. Anstelle der Schnur könnt ihr auch Draht benutzen. Fä-

delt nun die Perle auf die Schnur. Anschließend fädelt ihr die Schnur durch dasselbe Loch in der Kapsel von innen nach außen zurück. Knotet die beiden Schnurenden so zusammen, dass die Perle in der Mitte der Glocke hängt und ihr noch ausreichend Schnur zum Aufhängen am Christbaum übrig habt.

Büchersterne

Schneidet aus den Buchseiten drei gleich große Sterne aus. Als Vorlage könnt ihr eine Plätzchenform benutzen oder euch eine eigene Schablone basteln. Legt die Sterne aufeinander, markiert eine gerade Mittellinie und näht die Sterne auf dieser Mittellinie aneinander. Dazu könnt ihr auch die Nähmaschine benutzen. Lasst an einer Seite des Sterns einen längeren Faden zum Aufhängen stehen und verknotet die Enden. Anschließend faltet ihr beide Seiten des oberen Sterns an der Mittellinie nach oben und beide Seiten des unteren Sterns nach unten.

Kleiderbügel-Christbaum

Verbiegt einen alten Drahtkleiderbügel mit der Zange so, dass aus dem großen Dreieck des Bügels ein Tannenbaum entsteht. Anschließend umwickelt ihr den Baum mit alten Stoff- oder Wollresten. Wenn ihr möchtet, könnt ihr mit Draht auch noch Tannenzapfen daran befestigen. Schon ist er fertig zum Aufhängen!

Deckelkerzen

Ihr braucht eine (dicke) stehende Kerze. Sucht euch einen Deckel aus, der ein bisschen breiter ist als eure Kerze, sodass ihr sie hineinstellen könnt. Nun schneidet ihr aus dem Tetrapack einfache Formen aus, zum Beispiel Dreiecke, Halbkreise oder Tannenbäume (ohne Stamm). Klebt eure Formen ringsherum mit der silbernen Seite nach außen am Deckelrand fest. Jetzt müsst ihr nur noch die Kerze anzünden.

Tipp

Aus Wegwerf-Gegenständen könnt ihr noch viel mehr basteln. Zum Beispiel eine Lichterkette aus Kaffeekapseln oder eine Tischlaterne aus einem alten Tetrapack. Vielleicht habt ihr noch andere Ideen?

ZAUBER-DREHSCHEIBEN

Bastelt bunte Kreisel aus Papier

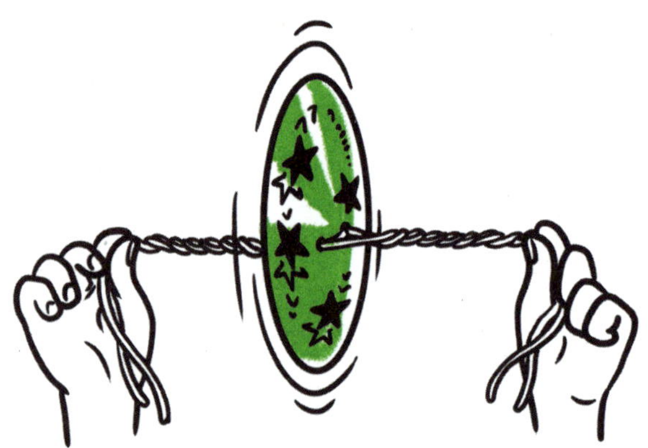

Ihr braucht

- Karton
- weißes oder buntes Papier
- Schere und Klebstoff
- Farbstifte
- feste Schnur
- dicke Nadel

Und so funktioniert's

Mit Zauber-Drehscheiben erweckt ihr eure selbst gemalten bunten Muster zum Leben.

Schritt 1 Schneidet aus Karton einen Kreis mit einem Durchmesser von 10 bis 20 cm aus. Ihr könnt den Kreis entweder mit einem Zirkel aufzeichnen, oder ihr nehmt einfach eine runde Schale, ein Glas oder einen Topfdeckel als Schablone.

Schritt 2 Wenn ihr eure Drehscheibe bemalen möchtet, schneidet aus Papier zwei weitere Kreise derselben Größe aus. Wollt ihr eure Zauber-Drehscheibe nicht bemalen, sondern lieber bunt bekleben, braucht ihr die beiden Papierkreise nicht.

Schritt 3   Nun geht es ans Gestalten. Bemalt die beiden Papierkreise mit bunten Mustern, zum Beispiel Punkten, einer Spirale oder Dreiecken. Probiert auf jedem Papierkreis ein anderes Muster aus. Dann klebt ihr die Papierkreise von vorn und hinten auf die Kartonscheibe. Wenn ihr nicht malen, sondern kleben wollt, könnt ihr die Kartonscheibe direkt mit bunten Papierschnipseln bekleben.

Schritt 4   Ist der Klebstoff getrocknet, stecht ihr in die Mitte der Scheibe mit einer dicken Nadel im Abstand von 2 cm zwei Löcher hinein. Schneidet zwei Stücke Schnur von je einem halben Meter Länge ab und fädelt sie mit der Nadel jeweils durch ein Loch, sodass die Scheibe in der Mitte der Schnüre hängt. Verknotet nun links und rechts jeweils die beiden Schnurenden miteinander.

Schritt 5   Nehmt ein Schnurende in jede Hand und bewegt die Hände gleichzeitig im Kreis, sodass die beiden Schnüre sich umeinander eindrehen wie eine Kordel. Dann zieht ihr die Hände auseinander, sodass die Schnur gestrafft wird und die Scheibe sich dreht. Wenn ihr mit den Händen wieder etwas näher zusammenrückt, dreht die Schnur sich wieder ein. Mit dem Auseinanderziehen eurer Hände lasst ihr die Scheibe erneut tanzen!

Tipp

Ihr könnt auch kleine Löcher oder Schlitze in eure Scheibe schneiden. Je nach Größe der Öffnungen erzeugt die Scheibe beim Drehen dann Wind- oder Sturmgeräusche.

BALANCE BOARD

Baut euch ein Fun-Sportgerät aus Holz

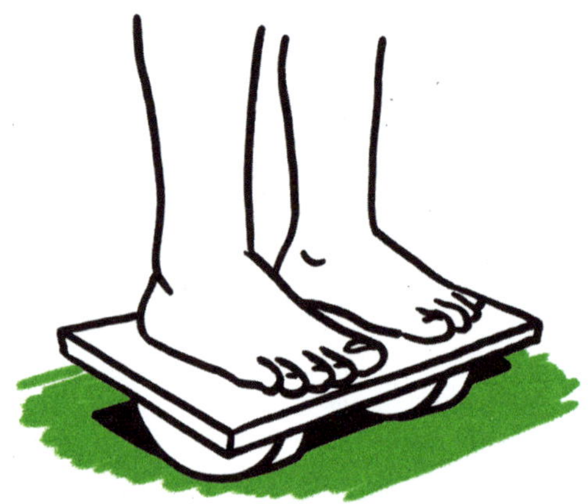

Ihr braucht

- ein massives Holzbrett A
  (50 x 30 x 1,8 cm)
- zwei massive Holzbretter B
  (25 x 10 x 1,8 cm)
- ein massives Holzbrett C
  (35 x 8 x 1,8 cm)
- Lineal und Bleistift
- Stichsäge und Schraubzwingen
- Holzfarbe und Schmirgelpapier
- Bohrmaschine und Akkuschrauber
- lange Holzschrauben (mind. 5 cm)

Bitte denkt daran: Säge und Bohrmaschine dürfen nur von Erwachsenen bedient werden.

Und so funktioniert's

Eine detaillierte, bebilderte Anleitung, um euer eigenes Balance Board zu bauen, findet ihr unter www.77sachen. de/balanceboard.

Schritt 1 Zeichnet auf die Unterseite von Brett A eine horizontale Mittellinie (= 50 cm lang). Anschließend zeichnet ihr quer dazu mit je 6,6 cm Abstand zu den kurzen Seiten des Bretts zwei weitere Linien.

Schritt 2   Wählt einen Bohrer, der etwas schmaler ist als die Schrauben. Bohrt je ein Loch durch die Kreuzungspunkte der Linien (altes Brett unterlegen!).

Schritt 3   Drei weitere Löcher bohrt ihr auf der Mittellinie nach 15, 25 und 35 cm. Auf die Querlinien bohrt ihr ebenfalls je zwei weitere Löcher mit 10 cm Abstand zu den beiden langen Seiten des Bretts. Insgesamt sind es jetzt neun Löcher.

Schritt 4   Nun zeichnet ihr auf die beiden Bretter B je eine vertikale Mittellinie (= 10 cm lang). Auf dieser Linie bohrt ihr nach 2 und nach 6 cm je ein Loch.

Schritt 5   Zeichnet auf die Bretter B je einen Kreisbogen auf, der durch das von den beiden Löchern weiter entfernte Ende der Mittellinie sowie durch die beiden gegenüberliegenden Ecken des Brettes geht. Ihr könnt dazu einen behelfsmäßigen Zirkel aus einer Schnur und einem Bleistift zu Hilfe nehmen. Der Kreisradius beträgt 12,8 cm (Achtung: Der Mittelpunkt des Kreises liegt 2,8 cm neben dem Brett!). Sägt die Bretter entlang der Kreislinie ab und glättet Unebenheiten mit Schmirgelpapier.

Schritt 6   Stellt das Holzbrett C auf die lange schmale Seite. Legt das Brett A mit der Mittellinie darauf, und fixiert es mit zwei Schraubzwingen. Steckt drei Schrauben von oben durch die Löcher auf der Mittellinie bei 15, 25 und 35 cm, und schraubt die Bretter zusammen.

Schritt 7   Dreht das Ganze auf den Kopf und stellt die Bretter B mit der schmalen geraden Seite nach unten auf die beiden Querlinien von Brett A, sodass sie mit dem bereits angeschraubten Brett C ein breites „H" bilden. Steckt je zwei Schrauben durch die Löcher in den Brettern B, und verschraubt sie mit Brett C.

Schritt 8   Dreht das Ganze wieder herum, sodass es auf den beiden Holzbögen steht. Steckt sechs Schrauben in die verbleibenden Löcher und schraubt die Hölzbögen fest.

Schritt 9   Viel Spaß beim Balancieren!

FLITZPUCK

Ein rasantes Spiel für zwei

Ihr braucht

- großer, flacher, stabiler Karton (ca. 60 x 40 cm)
- weiterer Streifen Karton
- zehn flache Holzscheiben
- 1 m Gummilitze/Hosengummi (5 mm breit)
- Schere und Cutter
- Klebstoff oder Klebeband

Und so funktioniert's

Eine bebilderte Anleitung gibt es unter www.77sachen.de/flitzpuck.

Lasst eure Pucks mithilfe eines Gummibandes in die gegnerische Spielfeldhälfte schlittern. Aber Achtung: Der Weg ist versperrt, nur ein kleiner Durchgang ist frei!

Schritt 1 Als Spielfeld dient ein großer, flacher Karton mit glattem Boden. Zuerst wird die Mittelbarriere gebaut. Sie teilt das Spielfeld in zwei Hälften. Dazu braucht ihr einen Streifen Karton, der 4 cm länger als die kurze Seite des Spielfelds ist.

Schritt 2   Schneidet den Streifen so zu, dass er 2 cm breiter als die Höhe eures Spielfeldes ist. Dann legt ihr ihn quer über das Spielfeld und schneidet ihn auf Höhe der Seitenwände so weit ein, sodass ihr in darauf feststecken könnt.

Schritt 3   Nehmt die Mittelbarriere noch einmal heraus und schneidet von unten ein Tor von 5 cm Breite und 3 cm Höhe aus. Jetzt könnt ihr sie wieder auf die Spielfeldränder stecken und mit Klebstoff oder Klebeband fixieren.

Schritt 4   Messt von beiden Enden des Spielfeldes aus 6 cm ab, und macht dort mit dem Cutter wenige Millimeter über dem Boden einen kurzen senkrechten Einschnitt in beide Seitenwände.

Schritt 5   Schneidet die Gummilitze in zwei Teile. Macht jeweils in ein Ende einen dicken Knoten. Das andere Ende steckt ihr von außen durch einen der Schlitze in der Seitenwand. Spannt es einmal quer über das Spielfeld, und fädelt es durch den gegenüberliegenden Schlitz wieder hinaus. Nun spannt ihr das Gummiband etwas

und macht ins andere Ende ebenfalls einen Knoten. Dasselbe wiederholt ihr mit dem zweiten Stück Gummilitze auf der anderen Spielfeldseite.

Schritt 6   Jetzt kann gespielt werden. Jeder Spieler erhält fünf Spielsteine. Auf Kommando nimmt jeder eine Holzscheibe, legt sie vor sein Gummiband, spannt dieses mit dem Finger und katapultiert die Holzscheibe in die gegnerische Spielfeldhälfte. Natürlich muss man dabei durchs Tor treffen. Sind alle Holzscheiben im Spiel, darf man jeweils eine Scheibe aus dem eigenen Feld nehmen und vor das Gummiband legen. Befinden sich alle zehn Holzscheiben gleichzeitig im gegnerischen Feld, ist das Spiel gewonnen. Holzscheiben, die unter dem Torbogen liegen, dürfen von dort nicht mit der Hand weggenommen werden.

Tipp

Sollten eure Holzscheiben nicht gut genug rutschen, beklebt sie auf der Unterseite mit Bastelfilz. Statt Holzscheiben könnt ihr auch Mühle- oder Damesteine benutzen.

JAHRMARKT-SCHIEßBUDE

Ziele für eure eigene Jahrmarktattraktion

Ihr braucht

- Wasserpistolen oder Tennisbälle
- Schere und Klebstoff
- Nadel und Schnur
- für die Glocken:
  drei Topfdeckel
- für die Türmchen:
  leerer Karton, leere Klopapier- und Küchenpapierrollen, leichte Plastikbälle/Tischtennisbälle
- für die Drehscheiben:
  stabile Pappe, zehn Eisstäbchen/Holzspatel

Und so funktioniert's

An drei Stationen könnt ihr bei dieser selbst gebauten Jahrmarkt-Schießbude eure Treffsicherheit üben. Aber zuerst wird gebastelt!

Glocken läuten

Schneidet drei Schnurstücke in verschiedenen Längen ab. Knotet je ein Stück Schnur am Griff jedes Topfdeckels fest.

Anschließend spannt ihr eine lange Schnur durch den Raum oder zwischen zwei Bäumen. Knotet die losen

Enden der Topfdeckel-Schnüre in regelmäßigen Abständen an der gespannten Schnur fest, sodass die Deckel herunterhängen. Bestimmt eine Startlinie, und versucht von dort mit Wasserpistolen (natürlich nur draußen!) oder Tennisbällen die schwingenden Deckel zu treffen.

Türmchen abräumen

Haben eure Plastikbälle einen größeren Durchmesser als die Klopapier- und Küchenpapierrollen, ist der Aufbau ganz einfach. Schneidet alle Papprollen auf einer Seite ringsherum sechsmal 2 cm weit ein. Faltet die Einschnitte nach außen. Klebt die Rollen mithilfe der geknickten Einschnitte gut verteilt auf dem umgedrehten Pappkarton fest.
Haben eure Bälle einen kleineren Durchmesser als die Papprollen, so müsst ihr die Rollen zuerst einmal platt drücken. Faltet sie wieder etwas auf, sodass die Öffnung wie ein Auge aussieht. Anschließend schneidet ihr die Rollen ebenfalls auf einer Seite sechsmal ein (achtet darauf, dass ein Schnitt jeweils in der Falzkante liegt) und klebt sie fest. Jetzt legt ihr die Bälle auf

die Türmchen und versucht sie aus einiger Entfernung herunterzuschießen. Habt ihr keine leichten Bälle, könnt ihr auch einfach Altpapier zu Bällen zusammenknüllen.

Drehscheiben flippen

Spannt eine Schnur durch den Raum oder zwischen zwei Bäumen. Klebt in regelmäßigen Abständen zwei Holzstäbchen so aufeinander, dass die Schnur in der Mitte dazwischenliegt. Wenn ihr keine Holzstäbchen habt, könnt ihr dafür auch Streifen aus Karton ausschneiden.
Danach schneidet ihr 20 Kartonkreise aus. Immer vier Kreise müssen gleich groß sein. Wenn ihr möchtet, könnt ihr sie bunt anmalen. Klebt an beiden Enden jedes Stäbchens jeweils zwei Kreise aufeinander, sodass das Stäbchen dazwischen liegt.
Beim Schießen müsst ihr die Kreise so treffen, dass sich die Stäbchen um die Schnur drehen.

Tipp

Vergebt verschiedene Punktzahlen für einfache und schwierigere Ziele!

KARTONBAUWERKE

Sternenhöhle, Ritterburg & Treppenrutsche

Ihr braucht

- große Kartons
- Schere und Cutter
- stabiles Klebeband und Schnur
- für die Sternenhöhle:
  Lichterkette mit kleinen LEDs

Und so funktioniert's

Aus großen alten Kartons lassen sich tolle Bauwerke erschaffen. Ihr könnt zum Beispiel eine Sternenhöhle, eine Treppenrutschbahn oder eine Burg mit Zugbrücke bauen!

Sternenhöhle

Wenn ihr keinen ausreichend großen Karton für eine Höhle habt, klebt mehrere Kartons zu einer Höhle zusammen. Die Form spielt dabei keine Rolle, wichtig ist nur, dass eure Höhle einen Eingang zum Reinkrabbeln und ein Dach hat.

Mit einer spitzen Schere stecht ihr nun viele kleine Löcher in das Höhlendach. Befestigt die Lichterkette mit Klebeband oben auf dem Karton, und steckt durch jedes Loch ein kleines Lämpchen. Wenn ihr möchtet, könnt ihr noch eine alte Decke über den Karton legen, damit man die Lichterkette von außen nicht sieht und der Eingang verschlossen werden kann.

Treppenrutschbahn

Für die Rutschbahn braucht ihr mehrere lange Kartonstücke und natürlich eine Treppe. Klebt so viele Kartonstücke an- und übereinander, bis ein stabiles, breites Kartonband entsteht. Achtet darauf, dass die Kartonrutsche etwas schmaler als eure Treppe ist, sodass man neben der Rutsche noch nach oben gehen kann. Legt das Band so auf die Treppe, dass unten ein gutes Stück auf dem Fußboden liegt. Klebt das Kartonband auf dem Fußboden und auf der obersten Treppenstufe gut mit Klebeband fest. Draufsetzen, und los geht die wilde Rutschpartie!

Burg mit Zugbrücke

Zuerst braucht ihr vier Wände aus Karton. Ein Boden ist nicht unbedingt notwendig. Entweder habt ihr einen wirklich großen Karton, oder ihr klebt mehrere Kartonteile zusammen, sodass ein Viereck aus Wänden entsteht. Aus dem oberen Rand der Wände schneidet ihr mit der Schere Zinnen heraus. Mit einem Cutter könnt ihr noch Fenster in drei der Wände schneiden.

Zuletzt ist die Zugbrücke dran. Dazu schneidet ihr in die vierte Wand vom Boden aus eine möglichst hohe rechteckige Toröffnung. Hat euer Karton einen Boden, lasst die Verbindung vom ausgeschnittenen Tor zum Boden bestehen. Andernfalls klebt ihr das Tor mit mehreren Klebebandstreifen am Boden fest. Nun stecht ihr mit der Schere in die oberen Ecken des ausgeschnittenen Tors zwei Löcher und bindet dort je eine Schnur fest. Rechts und links oberhalb der Toröffnung stecht ihr zwei Löcher in die Burgwand. Dort fädelt ihr jeweils ein Schnurende hindurch. Anschließend macht ihr in die Schnurenden je einen Knoten, sodass die Schnur nicht wieder durch die Löcher zurückrutschen kann. Eure Zugbrücke liegt jetzt auf dem Boden vor dem offenen Tor. Wenn ihr das Tor schließen wollt, zieht von innen an den beiden Schnurenden.

Tipp

Wenn ihr gerade keine großen leeren Kartons zu Hause habt, fragt im Möbel- oder Elektronikfachgeschäft.

MÖLKI

Baut euer eigenes Outdoor Wurfspiel

Ihr braucht

- 2 m Rundholz aus möglichst schwerem Holz (Durchmesser ungefähr 6 cm)
- Säge
- Holzfarbe oder einen dicken wasserfesten Stift/Permanentmarker
- Schmirgelpapier

Und so funktioniert's

Eine detaillierte, bebilderte Anleitung findet ihr unter www.77sachen.de/moelki.

Bitte denkt daran: Die Säge darf nur von Erwachsenen bedient werden. Mölki ist ein einfaches Wurfspiel, das ihr draußen mit der ganzen Familie spielen könnt.

Schritt 1 Sägt vom Rundholz ein 20 cm langes Stück ab. Dieses Stück wird später euer Wurfholz. Den Rest des Rundholzes sägt ihr in sechs Stücke von je 30 cm Länge. (Solltet ihr als Ausgangsmaterial kein 2 m langes Rundholz bekommen, achtet darauf, dass ihr die Hölzer so einkauft, dass ihr sie in einmal 20 und sechs mal 30 cm lange Stücke zersägen könnt.)

Schritt 2   Diese sechs Stücke müsst ihr nun jeweils noch einmal durchsägen, wenn möglich allerdings schräg. Das bedeutet, das Sägeblatt sollte 12 cm von einem Ende des Holzes entfernt angesetzt werden und auf der gegenüberliegenden Seite 12 cm vor dem anderen Ende wieder austreten. Das geht am einfachsten mit einer Kreissäge. Oder ihr fragt direkt beim Holzkauf nach, ob ein entsprechender Zuschnitt möglich ist. Falls es mit dem schräg durchsägen nicht klappt, sägt die Hölzer stattdessen einfach in der Mitte gerade durch.

Schritt 3   Jetzt solltet ihr ein Wurfholz mit zwei geraden Enden haben sowie zwölf Standhölzer mit je einem geraden und einem schrägen Ende. Säubert alle Kanten mit Schmirgelpapier, sodass ihr euch nicht daran verletzen könnt. Stellt die Standhölzer auf die gerade Schnittfläche, und schreibt auf die schräge Schnittfläche die Zahlen von 1 bis 12. Falls eure Standhölzer keine schräge Schnittfläche haben, schreibt die Zahlen zusätzlich von drei Seiten auf das Holz,

sodass man sie auch aus größerem Abstand gut erkennen kann.

Schritt 4   Es kann losgehen! Stellt die Standhölzer mit den Nummern 10, 11 und 12 im Dreieck auf, sodass sich alle Hölzer berühren. An jede Seite des Dreiecks stellt ihr nun drei weitere Standhölzer, sodass ein Dreieck ohne Ecken entsteht.

Schritt 5   Geht fünf Schritte zurück, und zieht eine Linie. Der erste Spieler steht hinter der Linie und versucht, mit dem Wurfholz die Standhölzer umzukegeln. Er darf die Punktzahlen aller Hölzer zusammenzählen, die er ganz umgeworfen hat. Für Hölzer, die schräg stehen oder auf anderen Hölzern aufliegen, gibt es keine Punkte.

Schritt 6   Anschließend werden alle Hölzer dort aufgestellt, wo sie umgefallen sind, und der nächste Spieler ist an der Reihe. Kommt der Startspieler zum zweiten Mal dran, zählt er seine Punkte zu denen aus der ersten Runde dazu. Gewonnen hat, wer als Erstes exakt 50 Punkte erreicht. Aber Achtung: Überschreitet jemand mit seinem Wurf die 50 Punkte, werden die Punkte stattdessen abgezogen!

MURMELRENNBAHN
Eine Poolnudel wird zur Rennstrecke

Ihr braucht

- alte Poolnudel / Schwimmnudel mit Loch
- scharfes Messer
- Murmeln
- Schere und Klebeband
- (Schuh-)Karton
- Zahnstocher
- Papier

Und so funktioniert's

Heute gibt es statt Autorennen einmal Murmelrennen. Bereit? Dann: Auf die Plätze, fertig, los!

Schritt 1   Mit einem scharfen Messer schneidet ihr die Poolnudel der Länge nach einmal durch. Daraus entstehen eure zwei Rennbahnrinnen.

Schritt 2   Befestigt die Rinnen mit der runden Seite nach unten nebeneinander mit Klebeband auf einem erhöhten Gegenstand (Treppe, Gartenzaun, Stuhl …). Für mehr Stabilität könnt ihr die beiden Rinnen vorher durch kurze Zahnstocherstückchen miteinander verbinden. Achtet darauf, dass die Zahnstocher nicht in die Rinne hineinragen und so ein Hindernis für die Murmeln bilden.

Schritt 3   Schneidet in eine Seite des Schuhkartons eine Vertiefung, in welche eure beiden Rennbahnrinnen möglichst exakt nebeneinander hineinpassen. Stellt den Karton ans untere Ende der Rennbahn, und legt die Rinnen in die Vertiefung. So landen die Rennmurmeln später im Karton, und ihr müsst sie nicht in der ganzen Wohnung suchen.

Schritt 4   Jetzt kann es losgehen. Zwei Murmeln oben in die Rinnen legen und anfeuern! Welche Murmel gewinnt das Rennen?

Tipp
Natürlich könnt ihr eure Rennbahn noch dekorieren. Mit Zahnstochern und Papier bastelt ihr für oben ein Start- und für unten ein Zielbanner, die ihr in den jeweils äußeren Rand beider Rinnen steckt, sodass sie beide Bahnen überspannen. Außerdem könnt ihr einen Tunnel einbauen, indem ihr Bastelpappe in einem Ring um jede Poolnudel klebt. So wird das Rennen noch spannender!

OUTDOOR LOUNGE
Das Planschbecken wird zur Kuschelecke

Ihr braucht
- Planschbecken
- Sommenschirm
- Kissen und Decken
- bei Hunger:
  Melone, Messer und Eisstiele

Und so funktioniert's
Im Sommer wird draußen getobt, gespielt und gerannt. Da braucht man zwischendurch mal eine kleine Pause. Die Outdoor Lounge ist ganz schnell aufgebaut und sooo gemütlich!

Schritt 1 Pumpt oder pustet euer Planschbecken auf, und polstert es von innen mit Decken und Kissen aus. Schon habt ihr eure kleine Outdoor Kuschelecke.

Schritt 2 Spannt einen Sonnenschirm darüber auf, holt eure Lieblingsbücher, und macht es euch gemeinsam gemütlich.

Schritt 3 An warmen Tagen sollte es in der Outdoor Lounge auf jeden Fall etwas zu trinken geben. Vielleicht auch eine Kleinigkeit zu knabbern? Melone am Stil ist ein leckerer, fruchtiger Snack für zwischendurch. Dazu schneidet ihr zuerst einen sehr breiten Melonenschnitz (6 bis 8 cm) ab und teilt diesen anschließend in dicke, dreieckige Scheiben. In die Schale jeder Scheibe schneidet ihr einen kleinen Schlitz, durch den ihr ein Eisstäbchen steckt. Fertig ist die Melone am Stil!

Tipp

Die Outdoor Lounge bietet eine gute Möglichkeit, kleine Wirbelwinde zwischendurch einmal ein bisschen zur Ruhe zu bringen. Vielleicht reicht es sogar für einen kurzen Mittagsschlaf?

REIFENSPIELPLATZ

Gartenspielgeräte aus alten Autoreifen

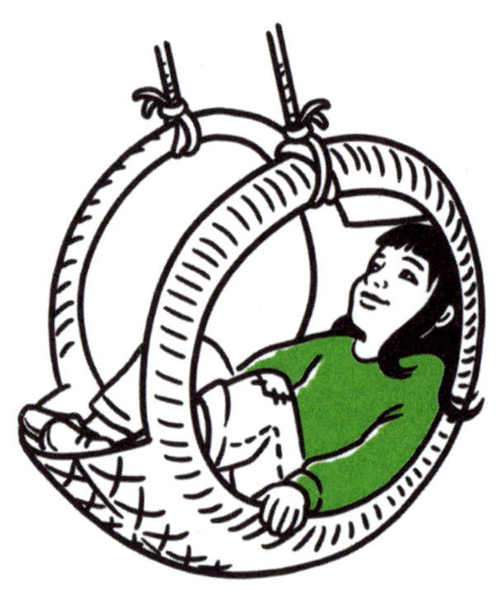

Ihr braucht
- alte Autoreifen (bekommt man bei vielen Autowerkstätten oder Reifenhändlern umsonst)
- Eimer, Seife, grobe Bürste
- für den Kriechtunnel: Schaufel, alte Wäscheleine, Farbe
- für die Baumschaukel: Metallsäge, 6 m stabiles Seil

Und so funktioniert's
Aus alten Autoreifen kann man tolle Spielgeräte bauen. Bevor ihr loslegt, solltet ihr die alten Reifen mit Wasser, Seife und einer groben Bürste gründlich reinigen.

Reifenraupe
Ganz ohne Werkzeuge könnt ihr einen Kriechtunnel in Form einer Raupe bauen. Dazu braucht ihr mehrere große Reifen (so groß, dass ihr durchkriechen könnt). Hebt mit der Schaufel einen 20 cm tiefen Graben aus. Stellt die Reifen hintereinander in den Graben, sodass sie einen Tunnel bilden. Um die Konstruktion stabil zu

machen, solltet ihr je zwei Reifen miteinander verbinden. Dazu zieht ihr ein Stück Wäscheleine durch den ersten und den zweiten Reifen und verknotet es. Nun verbindet ihr den zweiten mit dem dritten Reifen und immer so weiter. Danach schaufelt ihr so viel Erde in die Reifen, dass der Tunnel innen ebenerdig wird. Auch von außen müsst ihr den Graben wieder zuschaufeln, damit die Reifen stabil stehen. Wenn ihr möchtet, könnt ihr die Reifen nun von außen noch bunt bemalen oder besprühen. Mit Augen und Fühlern wird ganz einfach eine Reifenraupe daraus!

Baumschaukel

Je größer der Kinderpopo, desto breiter muss der Reifen sein, aus dem ihr eure Schaukel baut. Bevor ihr einem Reifen mit der Säge zu Leibe rückt, ist es wichtig zu wissen, dass Reifen auf der Lauffläche metallverstärkt sind. Ihr braucht daher eine Säge, die auch für Metall geeignet ist. In vielen Baumärkten könnt ihr solches Profiwerkzeug ausleihen. Bitte denkt daran: Die Säge darf nur von Erwachsenen bedient werden.

Um eine Reifenschaukel zu bauen, wird aus dem Reifen eine Hälfte der Lauffläche herausgeschnitten. Die Seitenwände bleiben dabei bestehen und bilden auf beiden Seiten einen Ring, an dem die Schaukel später aufgehängt wird.

Dazu sägt ihr beispielsweise mit einer Handkreissäge zuerst die Lauffläche des Reifens einmal quer durch. Achtet darauf, die Seitenwände dabei nicht durchzusägen. Dasselbe macht ihr auf der gegenüberliegenden Seite des Reifens. Anschließend sägt ihr an beiden Seiten der Lauffläche entlang von einem Einschnitt zum anderen, bis ihr eine Hälfte der Lauffläche herausnehmen könnt. Übrig bleiben zwei Ringe, die durch den verbleibenden Teil der Lauffläche miteinander verbunden sind und aussehen wie ein Henkelkörbchen. Schneidet das Seil in der Mitte durch. Befestigt je eine Hälfte mit einem stabilen Knoten an jedem Ring. Aufhängen und losschaukeln!

Tipp

Weitere Ideen für euren Reifenspielplatz findet ihr auf www.77sachen.de/reifenspielplatz.

RIESEN-WACKELTURM

Ein Spiel für kleine und große Hochstapler

Ihr braucht
- 60 Bretter
  (30 x 10 x 3 cm)
- Säge (oder direkt im Baumarkt zusägen lassen)
- Schmirgelpapier

Und so funktioniert's

Das Wackelturm-Spiel (Jenga) kennt ihr vielleicht schon? Mit dieser Riesenvariante macht es gleich doppelt so viel Spaß, und sie eignet sich super zum Draußenspielen!

Schritt 1 Sägt eure Holzbretter in lauter 30 cm lange Stücke. Achtet beim Kauf der Bretter darauf, dass sich die Länge der einzelnen Bretter durch 30 teilen lässt, also zum Beispiel 1,20 m. Bitte denkt daran: Die Säge darf nur von Erwachsenen bedient werden. Wenn ihr nicht selber sägen möchtet, könnt ihr das auch bereits im Baumarkt machen lassen.

Schritt 2 Damit ist die meiste Arbeit eigentlich schon erledigt. Mit dem Schmirgelpapier schleift ihr noch die rauen Sägekanten glatt, damit ihr euch beim Spielen später nicht daran verletzt. Anschließend könnt ihr eure Brettchen, wenn ihr möchtet, mit Holzfarbe bunt anmalen.

Schritt 3 Sobald die Farbe trocken ist, kann gespielt werden! Legt jeweils drei Brettchen nebeneinander, sodass eine quadratische Fläche entsteht. Die nächsten drei Brettchen legt ihr quer zur untersten Schicht darüber und so immer weiter, bis ihr 20 Schichten übereinandergestapelt habt.

Schritt 4 Nun müsst ihr reihum vorsichtig ein Brettchen herausziehen oder -schieben und oben auf den Turm stapeln, ohne dass dieser dabei umkippt. Brettchen aus den obersten drei Schichten dürfen nicht entfernt werden. Mit je drei gestapelten Brettchen entsteht eine neue Ebene, und der Wackelturm wird immer höher und natürlich immer wackeliger. Verloren hat derjenige, der beim Herausziehen oder Aufstapeln den Turm umwirft. Viel Spaß!

Tipp

Bei der Fortgeschrittenenvariante dürft ihr zum Entfernen und Auflegen des Brettchens nur eine Hand benutzen.

SOLAROFEN

Backen ohne Strom und Feuer

Ihr braucht

- großer flacher Karton mit Deckel
- Alufolie
- schwarzes Papier/Pappe
- feuerfeste Glasschale
- stabiles Klebeband und Schere
- Topflappen oder Geschirrhandtuch
- Bratenthermometer
  (es geht aber auch ohne)

Und so funktioniert's

Mit Sonnenlicht kann man nicht nur Strom erzeugen, sondern auch einen kleinen selbstgebauten Ofen betreiben. Da der Ofen weniger heiß wird als ein Backofen, eignet er sich für sogenannte Slow-Cook-Rezepte, die mit niedrigen Temperaturen arbeiten.

Schritt 1 Zunächst müsst ihr euren Karton so vorbereiten, dass man den ganzen Deckel in eine Richtung aufklappen kann. Sollte der Karton Klappen auf allen vier Seiten haben, schneidet ihr einfach drei der Klappen ab und klebt sie anschließend mit der letzten Klappe, die noch am Karton ist, zu einem Deckel zusammen.

Schritt 2 Kleidet den Karton und den Deckel von innen komplett mit Alufolie aus. Faltet die Alufolie um den Kartonrand, und befestigt sie von außen gut mit Klebeband.

Schritt 3 Schneidet aus einem Kartonrest zwei Streifen, um damit den offenen Ofendeckel abzustützen. Diese Standfüße schneidet ihr an beiden Enden gegengleich schräg ab. Anschließend umwickelt ihr sie fest mit Alufolie.

Schritt 4 Klebt die Standfüße mit Klebeband an beiden Seiten des Kartondeckels so fest, dass die lange Längsseite zur Kartonöffnung zeigt.

Schritt 5 Jetzt ist der Ofen schon fast fertig. Legt das schwarze Papier auf den Boden des Kartons und stellt die Glasschale falsch herum darauf. Das Thermometer kommt unter die Schale, um zu sehen, wann der Ofen heiß genug ist.

Schritt 6 Richtet den Ofen so aus, dass die Sonne in den Karton scheint. Der Deckel sollte dabei schräg stehen, sodass er das Sonnenlicht gut reflektieren kann und auf die schwarze Oberfläche zurückstrahlt. Dort wird es in Hitze umgewandelt und beheizt euren Ofen.

Schritt 7 Bitte fasst die Glasschale nur mit einem Topflappen oder Geschirrhandtuch an, sie kann sehr heiß werden! Hat der Ofen 70 Grad erreicht, könnt ihr eine gefüllte kleine Kuchen- oder Auflaufform unter die umgedrehte Glasschüssel stellen.

Tipp

Als einfache Rezepte eignen sich Apple Crumble oder Rosmarinkartoffeln. Wenn ihr nicht so viel Geduld habt, könnt ihr auch einfach Sandwiches mit Käse überbacken. Oder Äpfel in dünne Scheiben schneiden und im Solarofen zu Apfelchips trocknen! Mmmhhhh …

TISCHFUßBALL

Baut einen Tischkicker aus Karton

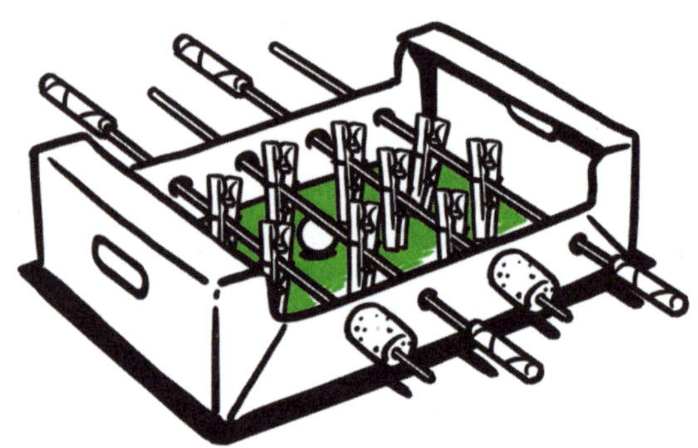

Ihr braucht

- großer, stabiler Karton
  (Breite 40 cm, Länge mindestens
  60 cm)
- sechs lange Holzstäbe
  (5 mm Durchmesser, 60 cm lang)
- zwölf Holzwäscheklammern
- zwölf Unterlegscheiben mit mindestens 6 mm Innendurchmesser
- grünes Tonpapier/Bastelpappe
- Stoffreste oder leere Klopapierrollen
- Alleskleber oder Heißklebepistole
- Filzstifte und Cutter
- spitze Schere

- Kicker- oder Tischtennisball
- sechs Korken

Und so funktioniert's

Eine detaillierte, bebilderte Anleitung findet ihr unter www.77sachen.de/tischfussball.

Schritt 1   Schneidet ein Stück grüne Bastelpappe in Größe eures Karton-bodens zurecht. Zeichnet Feldlinien und Mittelkreis auf und klebt den Rasen in euren Karton.

Schritt 2   Als Nächstes schneidet ihr mit dem Cutter an den beiden kurzen Seiten des Kartons Öffnungen für die Tore aus (13 cm breit, 6 cm hoch).

Schritt 3   Jetzt kommen die Spieler dran. Gestaltet je sechs Wäscheklammern in einer Farbe, sodass ihr die Mannschaften später gut unterscheiden könnt. Wenn ihr möchtet, könnt ihr den Spielern auch Gesichter aufmalen. Achtet darauf, dass die „klammernde" Seite der Wäscheklammer später oben ist (Gesicht).

Schritt 4   Bohrt mit der Schere in jede lange Seite des Kartons sechs Löcher in gleichmäßigen Abständen. Die Löcher sollen 6 cm vom Kartonboden entfernt sein. Das erste und letzte Loch muss jeweils mindestens 5 cm von der Torwand entfernt sein. Der Abstand zwischen zwei Löchern muss mindestens 10 cm betragen, sonst kommt es später zu „Fouls".

Schritt 5   Bevor ihr die Stangen durch die Löcher steckt, klebt die Unterlegscheiben von außen um die Löcher. So verhindert ihr, dass der Karton später ausreißt.

Schritt 6   Steckt die Stangen durch die Löcher und klammert anschließend die Spieler (mit etwas Klebstoff) darauf fest. Auf die hinterste Stange kommt nur der Torwart, die zweite Stange wird mit zwei Verteidigern besetzt. Auf die beiden mittleren Stangen kommen jeweils drei Sturmspieler (und zwar auf der gegnerischen Seite). Achtet darauf, dass die Stangen einer Mannschaft auf der linken Seite, die Stangen der anderen Mannschaft auf der rechten Seite etwas weiter aus dem Karton herausragen.

Schritt 7   Dort klebt ihr nun Stoffstreifen oder eine aufgeschnittene leere Klopapierrolle um jedes Stangenende, damit ihr sie besser greifen könnt. Auf das gegenüberliegende Ende der Stange steckt ihr einen Korken, damit sie nicht durch das Loch rutschen kann. Fertig zum ersten Anpfiff!

Tipp

Aus leeren Zwiebel- oder Kartoffelnetzen könnt ihr euch Tornetze basteln und hinter die Tore kleben.

VIER GEWINNT IN 3-D

Ein spannendes Steckspiel aus Holz

Ihr braucht

- quadratische Holzplatte (16 x 16 cm oder größer, mindestens 1,5 cm dick)
- 64 große Holzkugeln mit Loch (Durchmesser 3 cm)
- zwei dünne Rundhölzer (Länge je 1,20 m), die durch die Kugeln passen
- Bohrmaschine und Schleifpapier
- Holzleim und Holzfarbe
- Lineal und Bleistift
- Zahnstocher und Klebeband
- drei leere Eierschachteln

Und so funktioniert's

„Vier gewinnt" ist ein zeitloser Spieleklassiker. Noch spannender wird er in 3-D!

Schritt 1 Zeichnet zuerst auf eure Holzplatte mit Lineal und Bleistift in gleichmäßigen Abständen 4 x 4 Punkte im Quadrat auf. Die Abstände zwischen den Punkten müssen so groß sein, dass eine Holzkugel gut zwischen zwei Punkte passt (bei Kugeln mit 3 cm Durchmesser wählt einen Abstand von 4 cm).

Der Abstand vom Rand der Holzplatte kann auch kleiner oder größer sein.

Schritt 2   Sägt eure Rundhölzer in insgesamt 16 gleich lange Stücke. Jedes Stück sollte 15 cm lang sein. Schleift je ein Ende der Hölzchen rund ab, damit ihr euch daran später beim Spielen nicht verletzen könnt. Bitte denkt daran: Säge und Bohrmaschine dürfen nur von Erwachsenen bedient werden.

Schritt 3   Wählt einen Holzbohrer aus, der den Durchmesser eurer Rundhölzer hat, und bohrt die 16 aufgezeichneten Löcher 1 cm tief an. Das geht am besten, indem ihr den Bohrer 1 cm nach der Spitze mit Klebeband umwickelt. Nun seht ihr, wie tief der Bohrer ins Holz eindringen darf. Außerdem wirkt das Klebeband zusätzlich als Bremse, sodass ihr nicht aus Versehen tiefer bohrt.

Schritt 4   Gebt einen Tropfen Holzleim in jedes Loch, und steckt die Rundhölzer mit der nicht abgerundeten Seite hinein. Achtet darauf, dass die Hölzer senkrecht stehen.

Schritt 5   Während der Leim trocknet, malt ihr die Hälfte der Kugeln mit Holzfarbe an. Zum Trocknen könnt ihr sie auf Zahnstocher stecken, die ihr über die Löcher einer leeren, geöffneten Eierschachtel legt. Sind Farbe und Leim trocken, kann gespielt werden!

Schritt 6   Ein Spieler erhält alle farbigen Kugeln, der andere die holzfarbenen. Abwechselnd stecken nun beide Spieler je eine Kugel auf einen Holzstab. Es können maximal vier Kugeln übereinandergesteckt werden. Ziel des Spieles ist es, vier Kugeln der eigenen Farbe in einer Reihe zu haben. Die Reihe kann sowohl horizontal entstehen (vier gleiche Kugeln nebeneinander bzw. in der Diagonalen) als auch vertikal (vier gleiche Kugeln übereinander bzw. in der Diagonalen). Auch dreidimensionale Diagonalen gelten (zum Beispiel von unten hinten links nach oben vorne rechts). Wer zuerst eine Reihe aus vier eigenen Kugeln hat, gewinnt!

WAND-MURMELBAHN

Baut eine Kugelbahn aus Klopapierrollen

Ihr braucht
- leere Klopapier- und Küchenpapier-rollen
- Klebeband
- Tischtennisbälle

Und so funktioniert's

Selbst gebaute Murmelbahnen sind toll, weil ihr selbst entscheiden könnt, wohin die Kugel rollen soll. Los geht's!

Schritt 1 Zuerst braucht ihr eine geeignete Fläche für eure Kugel-bahn. Das kann zum Beispiel die Kühlschrank- oder eine andere Türe sein, von welcher man das Klebeband später gut wieder abziehen kann.

Schritt 2 Die jüngsten Baumeister beginnen mit einer einfachen gera-den Kugelbahn. Klebt dazu mehrere Rollen mit Klebeband senkrecht über-einander oder schräg nebeneinander an die Wand, sodass eine lange Röhre entsteht. Achtet auf gerade Verbin-dungen zwischen den Rollen, damit die Kugel nicht stecken bleibt.

Schritt 3   Wenn euch das zu langweilig ist, könnt ihr euch an Level zwei wagen. Dabei wird die erste Rolle auf einer Seite schräg abgeschnitten und dann mit dem geraden Ende nach oben senkrecht an die Wand geklebt. Die nächste Rolle schneidet ihr auf auf beiden Seiten schräg ab und klebt sie so an, dass möglichst keine Lücke zur oberen Rolle entsteht. Die dritte Rolle müsst ihr wiederum nur auf einer Seite schräg abschneiden und mit der schrägen Seite nach oben ansetzen. Die Murmelbahn sollte jetzt aussehen wie ein S und kann direkt in Betrieb genommen werden.

Schritt 4   Habt ihr Level zwei erfolgreich gemeistert, könnt ihr natürlich noch viel längere Wand-Murmelbahnen gestalten. Toll sind dabei auch kleine Lücken zwischen zwei Klopapierrollen, in denen man die Kugel hindurchrollen sieht. Das geht am besten an senkrechten Stellen, sodass die Kugel ausreichend Schwung hat und nicht in der Lücke stecken bleibt. Probiert es einfach einmal aus!

Tipp

Größere Murmelbahnprojekte baut ihr am besten im Badezimmer, an der Duschtür oder einer gekachelten Wand. Habt ihr keine solche Fläche zur Verfügung, pinnt mit Reißzwecken einen großen Karton oder ein altes Poster an die Wand. Darauf dürft ihr dann nach Herzenslust und völlig gefahrlos mit Klebeband werkeln.

WIKINGERSCHACH

Wurfspiel (nicht nur) für starke Männer

Ihr braucht

- Vierkantholz (5 x 5 cm), Länge insgesamt 1,50 m
- Vierkantholz (7 x 7 cm), Länge 30 cm
- Rundholz (Durchmesser 4 cm) Länge insgesamt 1,50 m
- Säge (oder ihr lasst das Holz im Baumarkt bereits fertig zusägen)
- Schmirgelpapier
- wenn ihr möchtet: Holzfarbe und Schnitzmesser zum Gestalten

Und so funktioniert's

Wikingerschach könnt ihr zu jeder Jahreszeit zu zweit oder mit der ganzen Familie draußen spielen!

Schritt 1 Sägt das lange Vierkantholz in zehn gleich lange Stücke (je 15 cm) und das lange Rundholz in sechs gleich lange Stücke (je 25 cm). Bitte denkt daran: Die Säge darf nur von Erwachsenen bedient werden. Anschließend glättet ihr alle Sägeflächen mit Schmirgelpapier.

Schritt 2   Die zehn kurzen Vierkantklötze sind eure Wikinger. Malt je fünf davon in einer Stammesfarbe an, und zeichnet ihnen Gesichter und Bärte auf. Die sechs runden Wurfhölzer könnt ihr beliebig mit bunten Wikingermustern bemalen. Das etwas dickere Vierkantholz ist der König. Ihm könnt ihr eine Krone aufmalen oder sogar ausschnitzen.

Schritt 3   Zum Spielen braucht ihr eine ebene Wiesen- oder Sandfläche von ungefähr 8 x 5 m. Markiert die vier Ecken eures Spielfeldes mit Steinen oder indem ihr Stöckchen in die Erde steckt. Stellt den König genau in die Mitte des Spielfeldes.

Schritt 4   Bildet zwei Teams. Jedes Team bekommt fünf Wikinger und stellt sie auf seiner kurzen Feldseite in gleichmäßigen Abständen auf der hinteren Linie auf. Die Spieler stehen hinter ihrer Wikingerlinie. Das erste Team erhält alle sechs Wurfhölzer.

Schritt 5   Versucht mit den Wurfhölzern die gegnerischen Wikinger umzukegeln. Achtung: Der König darf dabei nicht getroffen werden! Fällt der König, verliert euer Team sofort.

Ihr habt insgesamt sechs Würfe. Umgeworfene Wikinger bleiben liegen.

Schritt 6   Team 2 sammelt nun alle umgeworfenen Wikinger ein und wirft sie vorsichtig in die gegenüberliegende Seite des Spielfeldes (also zwischen den König und die gegnerische Wikingerlinie). Wo die Wikinger landen, werden sie aufgestellt. Berühren sich dabei zwei Wikinger, werden sie wie ein Turm aufeinandergestellt.

Schritt 7   Nun wirft Team 2. Bevor ihr auf die gegnerische Wikingerlinie werfen dürft, müsst ihr zunächst die eben aufgestellte „Vorhut" umkegeln. Erst danach darf auf die Wikingerlinie geworfen werden.

Schritt 8   Trifft Team 2 nicht alle vorgelagerten Wikinger, darf Team 1 beim nächsten Spielzug zum Werfen bis zum vordersten Wikinger in der eigenen Spielfeldhälfte vorrücken.

Schritt 9   Hat ein Team das komplette gegnerische Feld (Vorhut und Grundlinie) abgeräumt, muss es zum Sieg noch (von der Grundlinie aus) den König abwerfen!

MATERIALLISTE

 „Mit Vorbereitungszeit" bedeutet, dass ihr vorher etwas einkaufen, sammeln, ausleihen oder anderweitig vorbereiten müsst.

 Alle anderen Aktivitäten könnt ihr „spontan starten", wenn ihr die Materialien aus folgender Liste immer zu Hause habt:

- Alte Kartons
- Backpulver
- Bälle
- Dicke Nadel
- Essig
- Fingerfarbe/ Wasserfarbe
- Haushaltsgummis
- Klebefilm/Klebeband
- Klebstoff
- Korken
- Kreppklebeband
- Küchenschwämme
- Lebensmittelfarbe
- leere Klopapierrollen/ Küchenpapierrollen
- Luftballons
- Mehl/Speisestärke

- Papier/Tonpapier
- Pinsel
- Radiergummmi
- Reißzwecken
- Salz
- Schere
- Schnur
- Seil
- Speiseöl
- Spülmittel
- Stifte
- Straßenkreide
- Wäscheklammern
- Watte
- Zahnstocher
- Zeitungspapier

Eine Legende zu allen Symbolen findet ihr auf Seite 7.

ÜBER DIE AUTORINNEN

TATIANA MORLOCK entdeckte bereits im Teenageralter ihre Leidenschaft für kreative Spiel- und Bastelideen. Schließlich nutzte die Diplom-Kulturwirtin ihre Elternzeit, um die besten Ideen zusammenzutragen. Was als Crowdfunding-Kampagne unter dem Titel „ENE, MENE, KISTE!" begann, entwickelte sich während des Corona-Lockdowns rasch zum Großprojekt. Tatiana Morlock lebt mit ihrem Ehemann und ihren zwei Söhnen in München.

ANITA ORTEGA hat ihre Leidenschaft zum Beruf gemacht und verwirklicht ihre Kreativität im Trickfilm, als Illustratorin für renommierte Zeitschriften- und Buchverlage und als Designerin, z. B. für Spielfiguren, Stoffe und vieles mehr.

Mission: Essen retten!

Wenke Heuts, Inka Vigh

Benja & Wuse
Essensretter auf großer Mission

40 Seiten, Hardcover,
vierfarbig, komplett illustriert,
14 Euro
ISBN: 978-3-96238-246-9
Erscheinungstermin:
09.02.2021
Auch als E-Book erhältlich

»Essen will gegessen werden. Dafür ist es da.«
Wuse

In Benjas Zuhause verschwinden ständig Dinge. Er findet heraus: Wuse, ein Zauberwesen, sammelt nachts Sachen ein, die Benjas Familie bald wegwerfen könnte. Die beiden werden Freunde, und Wuse zeigt Benja, dass Essen viel zu gut zum Wegwerfen ist.